Dominique Plihon

Les taux de change

Nouvelle édition

ÉDITIONS LA DÉCOUVERTE
9 *bis*, rue Abel-Hovelacque
75013 Paris

Du même auteur

Les banques : nouveaux enjeux, nouvelles stratégies, La Documentation française, 1999.

La monnaie et ses mécanismes, La Découverte, « Repères », 2000.

Catalogage Électre-Bibliographie

PLIHON Dominique

Les taux de change. — 3e éd. — Paris : La Découverte, 2001. — (Repères ; 103)

ISBN 2-7071-3553-4

Rameau :	taux de change
Dewey :	332.4 : Économie financière. Monnaie. Politique monétaire
Public concerné :	1er cycle-Prépas, DEUG

Si vous désirez être tenu régulièrement informé de nos parutions, il vous suffit d'envoyer vos nom et adresse aux Éditions La Découverte, 9 *bis*, rue Abel-Hovelacque, 75013 Paris. Vous recevrez gratuitement notre bulletin trimestriel **À la Découverte**.

Introduction

Les médias mentionnent les taux de change tous les jours, ou presque : l'euro s'apprécie contre le dollar, le yen est fragilisé par la crise de l'économie japonaise, le real brésilien est attaqué par la spéculation et perd 40 % de sa valeur en quelques jours, le yuan chinois risque d'être dévalué, ce qui pourrait créer une nouvelle crise de change en Asie...

Rarement variable économique n'a eu une telle valeur symbolique et n'a autant attiré l'attention. Son importance stratégique vient de ce que, mesurant les prix des monnaies nationales les unes par rapport aux autres, le taux de change est au centre des relations entre pays.

Les taux de change soulèvent deux séries de questions : comment sont-ils déterminés ? et comment agissent-ils sur l'économie ? L'ambition de ce livre est de fournir une réponse claire et pédagogique à ces questions.

Une première partie commence par décrire *les marchés des changes*, là où s'échangent les monnaies les unes contre les autres. Il s'agit du marché le plus vaste, sur lequel les transactions s'élèvent à environ 1 600 milliards de dollars chaque jour, ce qui représente la valeur de la richesse produite chaque année par l'économie française. C'est aussi un véritable marché planétaire, fonctionnant avec les techniques de communication et de traitement de l'information les plus modernes. Ce marché est le royaume des cambistes des banques, des fonds d'investissements et des trésoriers des entreprises multinationales qui, depuis leurs terminaux situés dans les salles de marché, font des opérations souvent très sophistiquées d'arbitrage et de spéculation.

La deuxième partie du livre passe en revue les *principales théories explicatives du change*. Les économistes parviennent assez bien à décrire les déterminants à long terme du change. En revanche, leurs modèles ont quelque difficulté à prévoir les fluctuations des parités à court terme (moins d'un an) et, encore moins, à anticiper les crises de change en raison de leur caractère autoréalisateur. D'ailleurs, les opérateurs sur les marchés utilisent surtout des techniques d'analyse et de prévision du change qui se contentent de prolonger les évolutions passées, sans donner beaucoup de poids aux variables économiques fondamentales censées influencer les taux de change (taux d'intérêt, inflation, solde commercial).

Les taux de change sont l'objet d'une grande attention de la part des pouvoirs publics nationaux car ils constituent simultanément un symbole et un instrument au service des politiques économiques. L'objet de la dernière partie du livre est d'analyser *les politiques de change*. On montre comment, dans le passé, l'Allemagne et le Japon ont utilisé leur monnaie pour bâtir leur puissance industrielle. On explique aussi pourquoi le taux de change est un instrument de stabilisation macroéconomique, ce qui pose la question du choix du régime de change optimal, notamment pour les pays émergents. Stabiliser les monnaies est devenu un objectif difficile à atteindre face à la finance internationale libéralisée. La création de l'euro est la réponse donnée par les pays de l'union européenne à ce besoin de stabilité monétaire.

Première partie

Le marché des changes

À chaque instant, des agents économiques souhaitent acheter ou vendre des monnaies nationales les unes contre les autres. Le marché des changes permet la confrontation de ces offres et demandes de devises, et assure la détermination des cours de change, c'est-à-dire des prix des monnaies les unes par rapport aux autres.

Le marché des changes a des caractéristiques bien particulières, notamment sa dimension planétaire (chap. I). C'est un marché du risque : l'une de ses fonctions principales est de permettre aux agents économiques de gérer le risque de change causé par les fluctuations des cours de change (chap. II). Le fonctionnement du marché reflète d'abord les stratégies cambiaires des principaux acteurs qui s'y confrontent : entreprises multinationales, investisseurs internationaux, banques et autorités monétaires (chap. III). Pour clore cette description du marché des changes, on illustrera ses évolutions récentes, caractérisées notamment par une véritable explosion de sa taille et par une grande instabilité des taux de change (chap. IV).

I / Un marché planétaire de la devise

Le marché des changes est le plus important des marchés. Pour beaucoup, il apparaît également comme le plus parfait des marchés, sur lequel l'information circule vite et où les opérations sont effectuées sans obstacles.

1. Un marché-réseau

Par opposition aux marchés boursiers (bourse des valeurs, bourse des marchandises, etc.) qui ont une localisation géographique précise, le marché des changes ne connaît pas de frontières. Il y a un seul marché des changes dans le monde. Les transactions sur une devise (par exemple l'euro) se font aussi bien, et en même temps, à Paris, à Londres ou à New York. La confrontation des offres et des demandes de devises n'implique pas que les offreurs et demandeurs se rencontrent physiquement. Ceux-ci communiquent par des instruments modernes de transmission (téléphone, télex...) complétés par des réseaux d'information spécialisés (Reuters, Telerate) et des systèmes informatiques permettant d'effectuer et d'enregistrer rapidement les opérations. Ainsi le marché des changes apparaît-il comme un « marché-réseau » qui transcende les espaces économiques nationaux et contribue à unifier l'économie mondiale.

De par son caractère « planétaire », le marché des changes est une organisation économique largement non réglementée, ou plutôt *auto-réglementée*, au sens où les règles de fonctionnement sont édictées par les agents privés, ou par des institutions privées lorsque les transactions ont lieu sur des marchés organisés.

Un marché en continu

Son mode de fonctionnement fait aussi du marché des changes le marché le plus parfait au sens où les cours de change reflètent d'une manière rapide et complète toute l'information disponible. Car, autre caractéristique, le marché des changes fonctionne en continu, successivement sur chacune des principales places financières en Extrême-Orient, en Europe et en Amérique du Nord. Les cours de change sont ainsi cotés 24 heures sur 24. À un moment donné, un cambiste — nom donné à l'opérateur qui, dans les banques, négocie les devises — peut traiter avec ses collègues situés sur le même fuseau horaire, ou sur un fuseau voisin. Un cambiste européen peut par exemple travailler tôt le matin avec l'Extrême-Orient (il est 16 heures à Hong-Kong quand il est 9 heures à Paris) et l'après-midi avec les États-Unis (il est 9 heures à New York quand il est 15 heures à Paris).

Un marché interbancaire

Trois groupes d'agents économiques contribuent au fonctionnement du marché des changes :
— les entreprises, les gestionnaires de fonds et les particuliers qui se situent en amont du marché ;
— les autorités monétaires, et plus particulièrement les banques centrales ;
— les banques et les courtiers qui assurent le fonctionnement quotidien du marché : ce sont les « professionnels » du marché.

Les premiers transmettent aux banques et aux courtiers des ordres dits « de clientèle » pour l'achat ou la vente de devises. Les autorités monétaires interviennent éventuellement sur le marché pour régulariser ses fluctuations.

Les banques opèrent sur le marché des changes pour exécuter les ordres de leur clientèle et pour leur propre compte. Dans la plupart des pays développés, les agents non bancaires — entreprises et particuliers — n'accèdent pas directement au marché des changes ; les banques sont des intermédiaires obligés pour les opérations de change. Parmi les banques, seules quelques-unes (une vingtaine, sur la place de Paris) participent activement au marché. On dit qu'*elles font le marché* :

ce sont les « market makers ». Le marché des changes est donc d'abord un *marché interbancaire.*

Une grande part des opérations cambiaires sont en effet effectuées entre intermédiaires (banques, courtiers, etc.) et sont de nature largement financière. Il en résulte que le marché des changes est d'abord un *marché de gros* sur lequel la valeur unitaire des transactions est élevée, auquel on oppose le *marché de détail* qui concerne les transactions des banques avec leurs clients individuels. Toutefois, au cours de la période récente, cette frontière entre les banques et les entreprises s'est estompée. Toutes les firmes multinationales effectuent, en effet, des opérations de change pour leur propre compte, notamment dans le cadre des transactions entre maisons mères et filiales.

Le rôle des cambistes

Au siège de la banque, les opérations de change sont exécutées par les cambistes. Ceux-ci centralisent les ordres de la clientèle, établissent des compensations et transmettent sur le marché des changes les offres et demandes excédentaires de devises. Réunis autour de la « table des changes », ils sont en communication avec d'autres cambistes et d'autres intervenants sur le marché (les courtiers), grâce à un réseau diversifié de communication composé de téléphones et de terminaux (écrans de télévision et télex). Les téléphones sont autant de lignes directes avec les collègues cambistes de la place et de l'étranger. Traditionnellement réalisées par téléphone, les transactions entre cambistes tendent à s'automatiser à travers les systèmes d'échanges électroniques. Deux types de terminaux remplissent des fonctions spécifiques : le premier inscrit sur un écran les derniers cours connus pratiqués entre banques sur les principales places financières mondiales, tels qu'ils sont transmis par l'agence Reuters ou par Telerate auxquels toutes les « salles de change » sont abonnées ; le second, également relié au réseau de Reuters ou de Telerate, permet aux cambistes de communiquer entre eux. Grâce à cet appareil, chaque cambiste peut entrer en contact direct avec ses correspondants (en composant leurs indicatifs sur un clavier). Le texte de la conversation apparaît sur un écran puis sur une imprimante une fois la transaction achevée.

Le début des années 1990 a été marqué par le développement rapide du courtage électronique pour les opérations de change au comptant. Le courtage électronique consiste en programmes automatiques de réalisation des échanges, sans contact téléphonique, au moyen de systèmes électroniques. Cette innovation, destinée à concurrencer les courtiers, offre un accès transparent et peu coûteux aux cotations et permet aux opérateurs de passer des ordres fermes, sans autre forme de prise de contact. Sur le marché au comptant des États-Unis, 76 % des transactions de courtage ont été réalisées en 1998 par les deux systèmes de courtage concurrents Reuters 2000-2 et EBS (Electronic Broking System).

La fonction du cambiste est de traiter au meilleur cours, au moment le plus propice. Il lui faut donc bien « sentir » le marché afin d'anticiper son évolution, si possible avant la concurrence. Le cambiste est là pour réaliser au mieux les ordres de la clientèle, et aussi pour faire gagner de l'argent à sa banque en engageant celle-ci quotidiennement pour plusieurs millions — voire plusieurs dizaines de millions — de dollars. La vitesse de réaction des cambistes doit être très élevée depuis que se généralise l'usage du courtage électronique.

2. Le marché des changes au comptant

L'opération « élémentaire » sur le marché des changes est l'achat et la vente d'une monnaie contre une autre. Environ 40 % des opérations sont effectuées *au comptant* (cf. tableau III, p. 40) : la livraison des devises a lieu dans les deux jours ouvrables qui suivent la date de la négociation, au cours de change arrêté par les deux parties. La majeure partie des transactions est constituée par les opérations à terme et les *swaps*, qui se déroulent selon des modalités différentes, et seront analysées plus loin.

La circulation des devises

Les devises circulent et sont échangées selon deux modalités :
— *le change manuel* correspond essentiellement aux ordres des particuliers désireux de faire un séjour à l'étranger. Les devises circulent alors sous la forme de billets ou de chèques de voyage ;
— *le change scriptural* se traduit par des virements de compte à compte entre banques. Grâce à des comptes entretenus avec

leurs correspondants étrangers, les banques échangent les devises entre elles et font circuler celles-ci par des transferts, sans qu'il y ait de mouvement physique de fonds. Une banque française qui achète des dollars se les fait « livrer » sur son compte en dollars dans une banque américaine et livre, en contrepartie, des euros sur un compte dans une banque française. La banque appelle « *nostro* » le compte qu'elle détient auprès d'une banque étrangère et « *vostro* » les comptes ouverts par les banques étrangères chez elle. La quasi-totalité des opérations de change prennent aujourd'hui la forme du change scriptural, le change manuel étant marginal.

La formation des cours de change

Situons-nous dans une salle de change parisienne. L'un des téléphones sonne. Au bout du fil, une voix connue annonce : « dollar/Paris pour 1 ». Il faut traduire : « je suis prêt à acheter (ou à vendre, l'interlocuteur ne le précise jamais) un million de dollars. Combien en demandez-vous (ou en offrez-vous) en euros ? ». Le cambiste parisien jette un coup d'œil sur son écran Reuters pour voir le cours du dollar à Paris, à Londres, à Zurich et à Tokyo. Il répond : « 40/45 ». En langage décodé, cela signifie : 0,85340 s'il faut acheter, 0,85345 s'il faut vendre. Les trois premiers chiffres, « la figure », sont supposés connus du correspondant qui a le même écran sous les yeux. Il est donc inutile de les lui rappeler. « À 45 je te prends 1 million », répond le correspondant qui dévoile donc l'objet de son coup de téléphone. Et il précise la banque à laquelle le million de dollars qu'il vient d'acheter devra être livré au cours de 0,85345 euro, au plus deux jours ouvrables plus tard, tandis que le vendeur indique le compte sur lequel la somme, en euros, devra être versée. Cinq minutes après, une télécopie de confirmation sera expédiée par l'acheteur : le marché est conclu. Mais le cambiste parisien n'est pas sorti d'affaire. Sa banque est désormais dans une « position courte » sur le dollar : elle doit livrer des dollars dont elle ne dispose pas encore, à moins qu'à la suite des ordres de la clientèle elle possède des avoirs en dollars qui compensent l'engagement qu'elle vient de prendre. Notre cambiste, à son tour, appelle ses confrères. Il va s'enquérir des cours annoncés sur les différentes places, dans l'espoir de trouver un vendeur qui consentira un cours inférieur au cours vendeur de sa transaction. S'il n'y parvient pas, parce que le marché est orienté à la hausse, il sera « collé » et il devra, pour dénouer sa position, acheter plus cher qu'il a vendu. Symétriquement, si une banque est en position longue, c'est-à-dire qu'elle dispose de dollars, elle sera collée au cas où le marché est orienté à la baisse, car elle ne parviendra pas à revendre ces dollars à un prix supérieur au prix d'achat. Lors de l'appel téléphonique suivant, le cambiste ajustera ses cours annoncés en conséquence. On comprend ainsi que la commande d'un seul client — qui cherche, par exemple, trente millions de dollars pour régler des échéances proches — peut se traduire par une cascade de transactions sur le marché des changes, au terme desquelles le cours aura été modifié de quelques centièmes de centimes.

La cotation des cours de change

Sur le marché interbancaire, les cotations s'opèrent en continu. Les agences Reuters et Telerate informent en permanence les opérateurs à travers le monde en diffusant en temps réel, sur des écrans, des tableaux de cotations contenant les cours pratiqués sur les différentes places.

Comme on l'a vu ci-dessus, les cours de change font l'objet d'une *double cotation* acheteur et vendeur (*cf. également le tableau I*). Cette double cotation, qui n'est pas propre au marché des changes mais est pratiquée sur l'ensemble des marchés financiers fonctionnant en continu, n'est pas facile à interpréter pour le non-initié ; elle provient de ce que les intermédiaires sont à chaque instant potentiellement acheteurs ou vendeurs selon les ordres de leur clientèle, alors que, sur le marché des biens, les intermédiaires sont successivement acheteurs (grossistes, par exemple) puis vendeurs (détaillants). La fourchette entre les cours acheteur et vendeur est très variable, étant généralement plus étroite sur les devises très demandées (dollar, euro ou yen par exemple) pour lesquelles les coûts de transactions sont faibles ; elle évolue selon l'état du marché : la publication d'un indicateur économique important (par exemple, le dernier résultat du commerce extérieur des États-Unis) peut affecter la psychologie des opérateurs et faire varier l'écart plusieurs fois dans une même journée.

En marge des cotations en continu, certaines places proposent des cotations de référence. Paris propose chaque jour les cours indicatifs de la Banque de France. Ce sont des cours de l'euro et du franc contre toute devise, déterminés à partir d'une concertation entre les banques centrales.

TABLEAU I. — LE MARCHÉ INTERBANCAIRE DES DEVISES
Cours au comptant et cours à terme
Cotation au certain de l'euro contre les principales devises

27-04-2001 à 16 h	*USD*	*GBP*	*CHF*	*JPY*
Comptant				
Achat	0,903	0,6256	1,5378	111,95
Vente	0,9031	0,6258	1,5379	112
À 1 mois				
Achat	– 0,0004	0,0002	– 0,0026	– 0,4955
Vente	– 0,0002	0,0004	– 0,0022	– 0,4682
À 3 mois				
Achat	– 0,0013	0,0006	– 0,0065	– 1,351
Vente	– 0,0007	0,001	– 0,0055	– 1,2756
À 6 mois				
Achat	– 0,0025	0,0012	– 0,0122	– 2,6039
Vente	– 0,0013	0,002	– 0,0102	– 2,4557
À 1 an				
Achat	– 0,0031	0,0025	– 0,0222	– 4,9334
Vente	– 0,0009	0,0041	– 0,0183	– 4,6486

Source : Les Échos - Natexis.

Rappel des taux de conversion de l'euro vis-à-vis des devises participant à l'UEM. 1 EUR = 6,55957 francs français ; 1,95586 deutschemark ; 40,3399 francs belges ; 2,20371 florins ; 13,7603 schillings autrichiens ; 1936,27 lires italiennes ; 166,386 pesetas ; 200,482 escudos ; 5,94573 marks finlandais ; 0,787564 livre irlandaise.

Note : les figures à terme donnent les reports (+) et les déports (–) de l'euro.

Le tableau I donne les taux de conversion, désormais irréversibles, entre l'euro et les onze monnaies nationales qui ont été remplacées par l'euro à partir du 1er janvier 1999. On constate qu'il faut 6,55957 francs pour acquérir un euro.

La partie basse du tableau I donne les reports et les déports de l'euro à terme, c'est-à-dire les écarts entre les cours de l'euro à terme et au comptant (voir l'encadré p. 23).

Cotation au certain et à l'incertain

L'écriture des cotations fait l'objet de deux conventions. Dans la plupart des pays, les cotes donnent le nombre d'unités monétaires étrangères équivalent à une unité de monnaie locale. Il s'agit de *la cotation au « certain »*. Par exemple, au 27 avril 2001, l'euro cotait à Paris 0,903 dollar (USD) à l'achat et 0,9031 dollar à la vente, comme l'indique le tableau I.

Selon une deuxième convention, les cotes de change indiquent le nombre d'unités monétaires locales correspondant à une unité (ou 100 ou 1 000) de monnaie étrangère : c'est *la cotation « à l'incertain »*. À Paris le 24 avril 2001, le dollar (USD) contre euro a été échangé entre banques à 1,11383, tandis que la livre sterling (GBP) contre euro cotait 1,60285, comme le montre la matrice des cours de change croisés donnée par le tableau II et qui est publiée dans la plupart des journaux.

Ainsi, lorsque l'euro s'apprécie contre les autres devises, son cours coté au certain s'élève, car il faut plus de devises étrangères pour acheter un euro ; en revanche, son cours coté à l'incertain diminue, puisqu'il faut moins d'euros pour acheter une monnaie étrangère.

TABLEAU II. — MATRICE DES COURS CROISÉS

24-04-01 9 h 57	*Cours dollar*	*Cours yen (100)*	*Cours euro*	*Cours franc*	*Cours livres*	*Cours Fr. S.*
Dollar	...	0,82427	0,89780	0,13691	1,43945	0,58837
Yen	121,32000	...	108,98000	16,61500	174,78000	71,38500
Euro	1,11383	0,91760	...	0,15245	1,60285	0,65515
Franc	7,30425	6,01630	6,55957	...	10,50740	4,29765
Livre	0,69471	0,57240	0,62390	0,09515	...	0,40875
Franc suisse	1,69960	1,40080	1,52665	0,23280	2,44535	...

Source : Le Monde.

II / Un marché du risque

Le risque de change, c'est-à-dire le risque de perte en capital lié aux variations futures du taux de change, s'est fortement accru avec le flottement des monnaies et le développement des transactions commerciales et financières internationales. La gestion du risque de change est au centre des comportements des opérateurs qui se confrontent sur le marché des changes, dont on a vu qu'ils se répartissent en trois catégories principales : les autorités monétaires, les intermédiaires financiers, les entreprises et les particuliers.

Les interventions des banques centrales sur le marché pour régulariser les taux de change, qui seront analysées dans la troisième partie de cet ouvrage, ont pour objectif de réduire le risque de change supporté par les agents privés.

Pour gérer le risque de change, les opérateurs privés disposent de quatre catégories d'instruments : le marché à terme interbancaire, les contrats à terme sur devises, les options sur devises et les contrats d'échange de devises (*swaps*). Ces marchés vont être successivement présentés. Au préalable, la notion de risque de change doit être définie.

1. Position de change et risque de change

Un agent est exposé au risque de change lorsque sa position de change est *ouverte*, c'est-à-dire que le solde de ses avoirs et engagements en devises n'est pas nul. Si les créances l'emportent sur les engagements en devises, l'agent a une position de change *longue* ou créditrice.

Lorsqu'une entreprise a une position « longue » en dollars, c'est-à-dire qu'elle détient plus d'avoirs que de dettes libellés en dollars, elle bénéficiera (comptablement, au moins) d'une appréciation du dollar et pâtira d'une dépréciation. Inversement, si les engagements sont supérieurs aux créances en devises, la position sur la devise est *courte* ou débitrice. Que sa position en devises soit longue ou courte, l'entreprise court un risque de change. Si les créances et engagements sur la devise sont égaux, la position de change est dite *fermée* : l'agent en question n'est pas exposé au risque de change. La couverture contre le risque de change, dont il sera question plus loin, consiste précisément à fermer les positions de change.

On distingue généralement deux sources distinctes d'exposition au risque de change : *la position de transaction* comptable ou économique et *la position de traduction*, qui s'applique plus particulièrement aux entreprises à dimension internationale. *La position de change de transaction* résulte des transactions commerciales et financières réalisées dans des monnaies différentes. *La position instantanée ou comptable* peut être aisément calculée par les services comptables de l'entreprise (ou d'une banque). Les postes du bilan responsables de cette position sont en général le poste « clients », générateur de la position longue (ou créditrice), et le poste « fournisseurs », générateur de la position courte (ou débitrice).

Mais la position comptable ne permet pas au trésorier de l'entreprise de définir une stratégie de change puisque celle-ci ne lui indique pas l'échelonnement dans le temps des flux de devises à venir. Un échéancier de trésorerie prenant en compte les transactions prévisibles mais non encore comptabilisées doit compléter l'information tirée du bilan. Ainsi doit être calculée *la position de change économique*, notion beaucoup plus large qui évalue le risque à partir de la situation de l'entreprise, son environnement, ses marchés, ses implantations…

À côté de la position de transaction, le trésorier doit gérer *le risque de traduction*. Dans la quasi-totalité des pays, la loi impose aux sociétés mères la consolidation de leur bilan dans la monnaie nationale. En procédant à cette consolidation, la société multinationale s'expose au risque de faire apparaître des résultats aléatoires, provenant de la traduction en monnaie nationale, à une date donnée, des comptes libellés dans des monnaies étrangères. La firme multinationale est également exposée à un risque de traduction lié à ses implantations à l'étranger. Celles-ci peuvent, en effet, mettre le groupe dans une *position de traduction*, dans la mesure où la monnaie dans laquelle sont exprimés les bilans des *filiales étrangères* est le plus souvent différente de la monnaie de la maison mère, qui est la monnaie de référence. Par suite, toute variation du cours de change entre la monnaie de référence et une monnaie locale a des conséquences sur le bilan consolidé du groupe.

Face au risque de change, les opérateurs peuvent avoir deux attitudes :

— s'exposer volontairement au risque de change, en prenant une position ouverte, dans le but de rechercher des gains en capital : c'est l'attitude des spéculateurs ;

— se couvrir contre le risque de change, ce qui est le cas de la plupart des entreprises et des banques.

Les modalités de couverture sont nombreuses et se répartissent en deux catégories. Les techniques internes s'intègrent dans la gestion financière propre à l'entreprise ou au groupe multinational. Les techniques externes font appel à des relations contractuelles avec des tiers : ce sont principalement les opérations à terme auprès des banques, les *swaps*, les contrats à terme et les options sur devises dont il sera question plus loin.

Gestion interne du risque de change et termaillage

Face au *risque de transaction*, les trésoriers des entreprises multinationales ont adopté depuis longtemps un mode de *gestion dynamique du change* qui va bien au-delà des simples opérations de couverture. C'est le *termaillage*, qui consiste pour l'entreprise à chercher à modifier les termes de ses paiements liés aux transactions commerciales dans le sens qui lui est le plus favorable, de manière à éliminer le risque de change, et dans certains cas à en tirer profit. Il peut prendre plusieurs formes :

— *Modification des monnaies de facturation* : les exportateurs cherchent à libeller leurs créances dans les monnaies dont ils anticipent une appréciation, alors qu'à l'inverse les importateurs s'efforcent d'obtenir que leurs engagements soient exprimés dans des monnaies susceptibles de se déprécier.

— *Modification des délais d'achat et de cession des devises* : prenons l'exemple d'une société française qui exporte aux États-Unis et est payée en dollars. Elle reçoit 100 000 dollars. Au même moment, cette société importe également des États-Unis pour le même montant. Si le cours du dollar était stable, celle-ci pourrait compenser ses recettes et dépenses en dollars. Mais si elle anticipe une dépréciation du dollar contre euro, la société française a intérêt à dissocier ces deux flux : elle vend immédiatement les dollars versés par son client, pour éviter une baisse de ses recettes en euros ; et elle retarde son paiement, afin d'acheter les dollars moins cher ultérieurement.

— *Modification des comportements habituels de couverture* : en bonne gestion, les exportations et importations libellées en devises font l'objet de couvertures systématiques. Mais supposons que la monnaie de facturation d'une transaction (par exemple le yen) soit très ferme et fasse l'objet d'anticipations à la hausse : le créancier (exportateur) qui d'habitude couvrait son risque de change ne le fait plus, tandis que le débiteur (importateur) a intérêt à acheter la devise à terme ou au comptant pour se prémunir contre le risque de change. Si l'appréciation du yen se produit, l'exportateur réalise un gain de change, et la hausse de la monnaie japonaise est amplifiée par ce comportement de termaillage.

Les *conséquences du termaillage* sur l'équilibre marché des changes sont très importantes. En effet, le termaillage apparaît comme un *processus déstabilisant*, dans la mesure où il contribue à affaiblir les monnaies discutées et à renforcer les monnaies dont la hausse est attendue. Toutefois, *le termaillage est réversible* : l'importateur qui a avancé le paiement de sa dette libellée dans une monnaie forte n'aura pas besoin d'acquérir de devises lors du dénouement prévu du contrat commercial. De fait, sur une période assez longue (plusieurs années), les avances et retards de paiement doivent se compenser, le termaillage étant avant tout un phénomène de court terme.

La gestion dynamique du risque de change et de la trésorerie-devises par les entreprises multinationales ne se réduit pas au termaillage. Elle repose également sur d'autres techniques :

— Les entreprises multinationales pratiquent la compensation ou « *netting* », qui consiste à compenser les créances et engagements de même montant et de même échéance, dans la limite de la réglementation des changes. Par exemple, une société automobile vend à sa filiale étrangère des pièces détachées pour un montant d'un million de dollars et lui rachète des moteurs assemblés pour deux millions de dollars. Avec le système du *netting*, la maison mère ne verse qu'un million de dollars à sa filiale, ce qui évite un mouvement de fonds égal à trois millions de dollars. Deux millions de dollars sont ainsi soustraits au risque de change, au *float* et aux coûts de transactions.

— Le degré le plus élaboré de gestion des trésoreries multidevises consiste à créer une *holding* financière dans un pays où la fiscalité est favorable, comme le Luxembourg. Dans ce cas, toutes les transactions internes au groupe sont refacturées depuis la holding, qui choisit les devises de facturation, les délais de paiement, les devises d'emprunt, etc. Grâce aux techniques modernes de communication et d'information, les entreprises multinationales sont en mesure d'optimiser la gestion de leur trésorerie-devises. Le volume des fonds ainsi gérés est souvent considérable, ce qui donne un pouvoir monétaire international important à ces groupes.

Couverture externe du risque de change

Les opérateurs peuvent également se couvrir en nouant des relations contractuelles avec des tiers. On peut citer trois techniques d'importance inégale :

— La *garantie COFACE* : la France, comme la plupart des pays de l'Union européenne, possède un système de garantie contre le risque de change géré par un organisme spécialisé, la Compagnie Française pour l'Assurance du Commerce Extérieur (COFACE). La garantie COFACE est particulièrement adaptée aux exportations dans les pays à hauts risques ayant des monnaies faibles et instables.

— Le principe de l'*avance en devises* est simple. L'exportateur sollicite auprès de sa banque un emprunt ayant les mêmes caractéristiques (monnaie, montant, échéance) que la créance détenue à l'égard du client étranger. Ensuite, l'exportateur cède au comptant les devises avancées par la banque, ce qui lui permet d'améliorer sa trésorerie en francs. Enfin, il rembourse cette avance à l'aide du règlement en devises effectué par le client étranger. L'avance en devises a le double avantage d'être une méthode de protection contre le risque de change ainsi qu'une technique de financement à l'exportation.

— Les *opérations à terme* constituent le principal instrument de couverture externe. La couverture à terme consiste pour un opérateur à prendre une position à terme de même montant et de sens inverse à sa position de change. Dans une *opération à terme*, la livraison des devises est reportée à une date ultérieure stipulée d'avance : 30 jours, 60 jours, 3 mois,

6 mois…, mais le cours de change, dit *cours à terme*, est fixé au moment de la conclusion du contrat. En d'autres termes, toutes les conditions habituelles du contrat de change (montant, cours…) sont immédiatement conclues, mais l'exécution du contrat — c'est-à-dire les livraisons de devises — est repoussée à une échéance déterminée dans le futur. En permettant de fixer à l'avance le cours auquel des devises seront achetées ou vendues, l'opération à terme constitue une protection efficace contre les risques de pertes liées aux fluctuations des taux de change.

Aujourd'hui, les opérations de couverture à terme peuvent être assurées au moyen de quatre techniques différentes : les opérations à terme auprès des banques, les contrats à terme, les options et les *swaps*.

2. Les opérations à terme auprès des banques

Cette technique constitue la principale modalité de couverture à terme pour les entrepises. Les transactions sur marchandises sont rarement payées au comptant et donnent lieu à des délais de paiement. Aussi, les importateurs et exportateurs se trouvent-ils en position de change dès lors qu'ils signent un contrat commercial libellé en monnaie étrangère, payable à une échéance future.

Un importateur se couvre en achetant des devises à terme auprès de sa banque. Symétriquement, un exportateur se couvre par une vente à terme.

Prenons le cas d'un importateur français de voitures japonaises qui vient de signer un contrat d'achat d'un million de dollars, payable à la livraison trois mois plus tard. Cette entreprise se couvre immédiatement en passant à sa banque un ordre d'achat d'un million de dollars à trois mois. L'achat à terme a bien pour effet d'éliminer le risque de change puisque la dette en devises à l'égard du fournisseur étranger est couverte par une créance en devises sur la banque de même valeur et de même échéance ; désormais l'importateur connaît, sans avoir à effectuer aucun décaissement immédiat, le montant des euros à livrer ultérieurement à sa banque et, par conséquent, le prix de revient de la marchandise importée.

Le comportement des banques

Lorsqu'elles s'engagent à livrer ou à recevoir des devises à terme, les banques prennent à leur charge le risque de change de la clientèle. En principe, elles ne restent pas en position de change ; dans certains pays, la réglementation bancaire interdit les prises de position de change, assimilées à un comportement spéculatif. En France, les autorités prudentielles ont édicté des règles concernant la gestion des positions de change bancaires. En particulier, le risque de change doit être couvert par des fonds propres selon des modalités définies par le règlement n° 95-02 du 21 juillet 1995, édicté par le Comité de règlementation bancaire et financière. L'exigence de fonds propres est égale à 8 % de la position nette globale en devises qui excède 2 % du total des fonds propres. Avec l'accord de la Commission bancaire, les établissements peuvent également recourir à des méthodes statistiques de simulation pour déterminer leur exigence de fonds propres en fonction de la nature de leur risque de change.

Dans l'hypothèse où elle trouverait à équilibrer l'achat à terme d'un importateur par une vente à terme d'un exportateur à la même échéance, une banque pourrait « marier » ces ordres de sens inverse en utilisant, à l'échéance convenue, les devises à recevoir de l'exportateur pour les livrer à l'importateur. Mais dans la réalité, les banques parviennent difficilement à équilibrer les opérations de sens inverse, car il est rare que les achats et les ventes à terme portent sur des monnaies et des montants identiques tout en étant stipulés aux mêmes échéances ; aussi sont-elles généralement amenées à couvrir par des opérations au comptant le risque de change consécutif à leurs opérations avec la clientèle.

Par exemple, une banque qui reçoit un *ordre d'achat à terme* de dollars de la part d'un client français importateur a un engagement à terme à honorer (les devises à livrer) qui la met en position de change. Pour se couvrir, elle va effectuer une opération de sens inverse en achetant au comptant des dollars pour un même montant, ce qui accroît ses avoirs en dollars ; ainsi, la banque n'est plus en position de change sur le dollar.

Trésorerie bancaire et formation des cours à terme

Si, comme c'est le plus fréquent, elle couvre au comptant une position de change à terme, la banque voit se modifier la composition de sa trésorerie en devises et en euros. Ainsi, l'*achat au comptant* des dollars à livrer à l'importateur accroît la trésorerie en devises de la banque et réduit celle en euros. La banque va donc être amenée à emprunter des euros et à placer les devises jusqu'à leur date de livraison à l'importateur. Au total, si elle se couvre à la suite d'un ordre d'achat à terme de la clientèle, la banque sera amenée à effectuer les trois opérations suivantes, enregistrées dans les écritures comptables ci-dessus : (1) emprunter des euros ; (2) acheter des dollars contre euros au comptant et (3) placer ces dollars. Si l'intérêt du placement en dollars est inférieur à celui de l'emprunt, le coût de l'opération de couverture est majoré par une perte d'intérêts. À l'inverse, si le taux d'intérêt sur le dollar est supérieur à celui de l'euro, le prix de revient de la couverture est minoré.

D'une manière symétrique, un ordre de vente à terme passé par un exportateur conduit la banque à faire les opérations suivantes : (1) emprunter des dollars ; (2) vendre ces dollars contre euros et (3) placer ces avoirs en euros.

Les banques utilisent souvent les *swaps de trésorerie*, dits *swaps cambistes*, pour réaménager leur trésorerie en devises à la suite d'opérations à terme passées par la clientèle. Plutôt que de réaliser une double opération de prêt et d'emprunt séparés — opérations (1) et (3) ci-dessus —, la banque préfèrera souvent effectuer un *swap* qui lie, en une seule opération, un prêt dans une monnaie à un emprunt dans une autre monnaie. Par exemple, une banque française a reçu d'un client un ordre d'achat à terme de dollars contre euros et s'est couverte au comptant en achetant des dollars : ses avoirs en euros ont diminué, tandis que ses avoirs en dollars ont augmenté. Au lieu d'emprunter de l'euro puis de placer du dollar, pour neutraliser l'impact de son opération de couverture sur sa trésorerie, la banque va réaliser un *swap* emprunteur d'euros contre dollars avec un correspondant étranger, qui correspond à une opération de *troc* (en anglais « swap ») *temporaire* de dollars contre euros.

Le *swap cambiste* se ramène à des « *crédits croisés* » entre monnaies différentes, c'est-à-dire à une opération d'emprunt et de prêt simultanés de deux devises. Les deux contreparties échangent des montants équivalents de devises, avec l'engagement de faire l'opération inverse à une date ultérieure. L'avantage principal des *swaps de trésorerie* est leur coût : en particulier, les banques petites et moyennes obtiennent, par les *swaps*, des conditions bien meilleures que sur les marchés des eurodevises.

Qu'il s'agisse d'une vente à un importateur ou d'un achat à un exportateur, il apparait que le coût de la couverture est fonction de deux éléments : (1) le cours de change au comptant, et (2) l'écart des taux d'intérêt sur les deux devises concernées. C'est en tenant compte de ces deux éléments que la banque établit ses cours à terme. Un exemple de fixation du cours à terme est donné dans l'encadré. Trois configurations sont possibles :

— La monnaie vaut plus cher à terme qu'au comptant : elle cote un *report*.

— La monnaie vaut moins cher à terme qu'au comptant : elle cote un *déport*.

— Le cours à terme est égal au cours au comptant : il est « *à parité* » du comptant.

Au 27 avril 2001, l'euro faisait un déport contre dollar : on peut voir en effet sur le tableau I (p. 12) que le cours à terme de l'euro contre dollar est inférieur au cours au comptant pour toutes les échéances (de 1 mois à 1 an) ; c'est-à-dire qu'à cette date l'euro valait moins cher à terme qu'au comptant.

3. Le marché des contrats à terme sur devises

Depuis le début des années 1970, le fonctionnement du système monétaire international se caractérise par une forte instabilité des taux de change et des taux d'intérêt. Il en est résulté une montée des risques de change et de taux d'intérêt qui a donné lieu à une série d'innovations destinées à permettre la couverture de ces risques grâce à des techniques plus efficaces et diversifiées que les méthodes traditionnelles. Ainsi se sont développés les marchés de produits dérivés. Les plus importantes de ces innovations sont les *contrats à terme* ou « *currency futures* », les *options*, et les *swaps*. Ces trois catégories d'instruments sont utilisées pour gérer le risque de change et le risque de taux d'intérêt.

Le premier *marché des contrats à terme* sur devises (les « *currency futures* ») a été introduit en 1972 sur l'*International Money Market* (IMM). D'autres marchés à terme sont ensuite apparus à Philadelphie, sur le *Philadelphia Board of Trade* (PBOT), à Londres sur le *London International*

Un exemple de calcul du cours de change à terme

Prenons le cas d'un exportateur français qui cherche à se protéger contre le risque de dépréciation des dollars qu'il doit recevoir de son client étranger dans trois mois. Celui-ci va vendre à terme les dollars en question à sa banque, c'est-à-dire lui demander livraison dans trois mois de la contre-valeur en euros de sa recette d'exportation à un cours immédiatement défini.

De son côté, la banque va chercher à neutraliser les conséquences de l'ordre passé par son client sur sa position de change (en principe, la banque ne prend pas de risque de change) et sur la composition de sa trésorerie entre euros et devises. Aussi l'ordre de vente à terme se traduit-il par les opérations suivantes :

— la banque emprunte à trois mois des dollars au taux d'intérêt I* ;

— elle vend au comptant contre euros les dollars empruntés au cours de change E (cotation à l'incertain) ;

— elle place simultanément ces euros au taux d'intérêt I.

À l'échéance, la banque remboursera son emprunt avec les dollars que lui remettra l'exportateur et lui livrera les euros qu'elle a placés.

Pour calculer le prix qu'elle va facturer à son client pour le couvrir à terme, la banque est ainsi amenée à prendre en considération, d'une part, le cours au comptant E du dollar contre l'euro au moment de la conclusion de la vente à terme, et d'autre part, l'écart entre le taux d'intérêt de l'emprunt en dollars I* et le taux d'intérêt du placement en euros I.

Plus précisément, le coût pour la banque de la couverture à terme F qui sera facturé à la clientèle est donné par le prix en euros des dollars empruntés au taux d'intérêt I*, convertis en euros au cours E et placés au taux d'intérêt I, soit :

$$(1) \qquad F = E \times \frac{1 + I}{1 + I^*}$$

Si la banque emprunte à trois mois des dollars au taux I* = 5 %, les change au cours de 0,8 euro pour 1 dollar, et place les euros au taux I = 3 %, le cours de change à terme (coté à l'incertain) facturé par la banque à son client sera :

$$F = 0{,}8 \times \frac{1 + (0{,}03 \text{ x } (90 / 360))}{1 + (0{,}05 \text{ x } (90 / 360))}$$

$$= 0{,}79605.$$

Le report de l'euro est égal à la différence entre le cours à terme et le cours au comptant, soit :

$$F - E = 0{,}8 - 0{,}79605 = 0{,}00395.$$

Le report à trois mois est donc égal à 0,00395 euro. En pourcentage du cours au comptant, le taux de report est égal à 0,5 % à trois mois, soit 2 % en base annuelle, ce qui correspond à l'écart entre les taux d'intérêt sur l'euro et le dollar.

Financial Futures Exchange (LIFFE), à Paris sur le Marché International des Instruments Financiers (MATIF), à Singapour sur le *Singapore International Monetary Exchange* (SIMEX), etc.

Marchés organisés et marchés de gré à gré

Le marché des *futures* en devises suit les mêmes règles que le marché à terme des marchandises. Un contrat à terme sur devises représente un engagement à acheter ou à vendre, à une date ultérieure, et pour un prix fixé au départ, un montant déterminé de devises étrangères. Il y a trois différences principales entre les opérations de change à terme traditionnelles auprès des banques et les opérations sur *futures*. Tout d'abord, alors que les opérations à terme traditionnelles se déroulent sur des *marchés de gré à gré*, sur lesquels les deux parties fixent entre elles les principales caractéristiques de leur contrat (montant, échéance et cours de la transaction), les opérations sur *futures* sont menées sur des marchés organisés, avec une *Chambre de compensation*, sur lesquels sont échangés des *contrats standardisés*. La Chambre de compensation est l'organisme central de tout marché à terme organisé. Ses actionnaires sont généralement les intermédiaires financiers et les principales institutions de la place. L'adhésion à la Chambre de compensation, moyennant paiement du prix du siège, est indispensable pour pouvoir intervenir sur le marché. Le principal rôle de la Chambre de compensation est de garantir le bon fonctionnement du marché et le contrôle des opérations.

La standardisation des contrats porte à la fois sur les quantités et sur les échéances : généralement une échéance par trimestre, à une date précise, selon la place financière. Par exemple, sur l'International Money Market de Chicago, sont échangés des contrats de 12,5 millions de yen japonais, 125 000 francs suisses ou 62 500 livres sterling. Les contrats de *futures* sont en quelque sorte du « prêt-à-porter » par rapport aux opérations à terme classiques qui sont « taillées sur mesure ».

En second lieu, les opérateurs ne règlent que partiellement ces contrats. Ils versent un dépôt de garantie, le « *deposit* », qui ne représente que 2 % à 5 % du total de la transaction réalisée. Les opérateurs disposent ainsi d'un effet de levier important, ce qui explique en partie le caractère très spéculatif des marchés de *futures*, et notamment du marché des *futures* sur devises.

Enfin, la plupart des contrats de *futures* ne font pas l'objet d'une livraison effective de devises, à la différence de ce qui se passe sur le marché à terme traditionnel. Ils sont le plus souvent « soldés » avant l'échéance par une opération de sens inverse. À ce sujet, il faut distinguer les marchés qui portent sur le « *physique* », sur lesquels la marchandise (ici les devises) est effectivement livrée, et les marchés qui portent sur le « *papier* », c'est-à-dire sur des actifs, immatériels, de caractère abstrait. Ces actifs peuvent être considérés comme des certificats de propriété de certaines quantités de marchandises (ou de devises) donnant lieu à des promesses d'achat ou de ventes à un horizon déterminé. Le marché à terme traditionnel est ainsi un marché portant sur le « physique », c'est-à-dire sur les devises elles-mêmes, tandis que les marchés des *futures* et des options sur devises portent sur des contrats qui sont du « papier ». Ces nouveaux marchés à terme sont donc des marchés de titres, ce qui donne un caractère purement *financier* à la plupart des transactions qui se déroulent sur ceux-ci.

Utilisation des contrats à terme sur devises

En général, les contrats à terme sur devises sont utilisés par des investisseurs pour gérer leur exposition au risque de change sur la partie étrangère de leur portefeuille. Un exemple simple permet d'illustrer cette technique de couverture. Soit le cas d'un investisseur institutionnel japonais, par exemple une compagnie d'assurances, dont une partie du portefeuille est composée de titres en dollars. Celui-ci souhaite se couvrir contre le risque de dépréciation de la monnaie américaine. Il va acheter à terme un ou plusieurs contrats (de 12,5 millions de yen) japonais, selon la taille du portefeuille à couvrir. Si le yen s'apprécie, l'investisseur réalise un profit, car il pourra dénouer sa position en revendant des yen contre dollars à un cours au comptant supérieur au cours d'achat à terme. Le gain de change ainsi réalisé couvre la moins-value enregistrée sur le portefeuille de titres en dollars à la suite de la dépréciation contre yen de la monnaie américaine. À l'inverse si le dollar s'apprécie, des évolutions symétriques se produisent : l'investisseur nippon réalise une perte sur sa position acheteuse à terme, qui est compensée par la plus-value réalisée sur les titres en dollars.

Les contrats à terme sur devises sont généralement exprimés dans le taux de change du dollar par rapport à une autre devise ; donc certains marchés sont manquants. Ainsi, un investisseur suisse souhaitant couvrir un risque de change sur des titres brésiliens devra prendre deux positions : l'une par rapport au real brésilien (relativement au dollar américain), et l'autre par rapport au franc suisse (par rapport au dollar américain). Par exemple, pour couvrir des titres brésiliens contre un risque de dépréciation du real brésilien par rapport au franc suisse, l'opérateur suisse vendra à terme des real et achètera à terme des francs suisses contre dollars. Ce type d'opération est appelée « *couverture croisée* ».

Les marchés à terme organisés des *futures* ont trois avantages principaux par rapport aux opérations à terme de gré à gré auprès des banques. Tout d'abord, ceux-ci assurent une *sécurité* plus grande grâce notamment au le rôle de gendarme joué par les Chambres de compensation qui assurent le respect de règles strictes. Par ailleurs et surtout, les marchés à terme organisés ont un grand avantage en termes de *liquidité*. La concentration en un seul lieu — physiquement ou par tout moyen de communication — d'un nombre important d'intervenants qui négocient des contrats standardisés, permet de trouver à tout moment des contreparties pour des montants même très importants à des prix affichés à l'achat et à la vente.

En troisième lieu, la technique des *futures* a l'avantage de la *souplesse* et du *moindre coût*. Elle donne à l'investisseur la possibilité de mener une politique active de gestion du risque de change, car les procédures de compensation lui permettent de couvrir ses positions, dès qu'il le souhaite, par des transactions de sens contraire. Dans le cas d'un contrat à terme négocié de gré à gré, la résiliation n'est pas toujours possible et implique des frais supplémentaires. Mais, à l'inverse, les *futures* ont des inconvénients qui tiennent à la standardisation des contrats et à la rigidité que cela peut entraîner pour certains opérateurs, en particulier du fait de l'absence de certains marchés.

4. Les options sur devises

Parmi les nouveaux instruments de couverture, les options sur devises ont connu un essor encore plus rapide que les *futures* sur devises. La technique des options s'est développée sur différents types d'actifs, notamment les actions, les obligations, les indices boursiers. Les options sur devises sont traitées principalement sur des marchés de gré à gré (essentiellement au États-Unis, au Royaume-Uni et au Japon), puis se sont développées sur des marchés organisés. Le premier marché organisé d'options sur devises est le *Philadelphia Stock Exchange* (le PHLX). Des marchés organisés d'options existent également à Amsterdam (*European Options Exchange*), à Londres (LIFFE) et à Paris, sur le MATIF, depuis le 20 mai 1994.

L'avantage principal de cet instrument par rapport au marché à terme classique et aux *futures* est constitué par son caractère « conditionnel », à savoir que l'option donne à l'opérateur le droit, mais pas l'obligation, d'acheter ou de vendre un montant donné de devises. L'option permet à son acheteur de se couvrir contre une perte éventuelle de change ; mais elle laisse à celui-ci la possibilité de ne pas exercer son option, afin de profiter d'une évolution favorable du marché. Ainsi, le détenteur d'une option d'achat de devises décidera de ne pas exercer son droit si le cours au comptant s'avère plus intéressant que le cours à terme.

On distingue deux types d'options : les options « européennes », qui ne peuvent être exercées qu'à l'échéance, et les options « américaines », beaucoup plus répandues, qui peuvent être exercées à tout moment.

Les deux contrats principaux négociés sur les marchés d'options sont les options d'achat « *call* », et les options de vente « *put* ».

Un *call* donne à l'acheteur de l'option le droit d'acheter un montant donné de devises, par exemple 125 000 euros, à un cours déterminé, appelé *prix d'exercice* ou *strike-price*, avant ou à la date d'échéance du contrat ou *strike-date*. Un *put* donne à l'acheteur le droit de vendre un certain montant de devises à un prix déterminé, avant ou à une échéance donnée.

L'acheteur d'un *call* exercera son option si le cours de la devise est supérieur au prix d'exercice à l'échéance du contrat. L'acheteur d'un *put* profitera de son option si le prix de l'actif est inférieur au prix d'exercice à l'échéance du contrat.

Il y a une *asymétrie* complète entre la situation de l'acheteur de l'option dont il vient d'être question, et celle du vendeur de l'option. Alors que l'acheteur choisit d'exercer son option si celle-ci est intéressante pour lui, le vendeur du contrat d'option est subordonné à la décision de l'acheteur. En contrepartie de ce droit à l'option, l'acheteur paye une *prime*, qui est la rémunération du risque encouru par le vendeur de l'option. Son niveau, dont le montant représente la valeur de l'option, est d'autant plus élevé que le risque est important ; il dépend de quatre facteurs : le prix d'exercice, la durée, la volatilité du cours de la devise, les taux d'intérêt des monnaies considérées.

Les entreprises vont être acheteuses d'options pour deux séries de raisons, qui proviennent de ce que les options sur devises constituent pour elles à la fois :
— un investissement, car l'option permet de profiter d'éventuelles évolutions favorables du marché des changes ;
— un produit d'assurance : les options sont, en effet, un instrument très souple de gestion du risque de change, particulièrement adapté au cas des risques conditionnels (dans le cas d'appels d'offre, par exemple). Elles sont un moyen efficace de protection contre un risque de change aléatoire à la fois dans son occurrence, son montant et sa date. Ainsi pour se couvrir, un exportateur pourra acheter une ou plusieurs options *put*, pour un montant équivalent à celui de sa créance en devise et pour une échéance voisine. Toutefois, l'utilisation des options par les entreprises est limitée par la complexité de leur gestion, ainsi que par leur coût. Seules les entreprises disposant d'une direction financière compétente ou d'une expertise extérieure peuvent assurer une gestion rentable de ce produit.

Les options sont devenues un instrument très prisé des gérants de portefeuille. Dans le cadre des stratégies de diversification de leurs avoirs qui les amènent à détenir des titres en devises étrangères, ces opérateurs vont utiliser les options comme instrument de couverture contre le risque de change. Ainsi, le détenteur d'actifs en dollar souhaitant se couvrir contre une éventuelle baisse de cette devise achètera un *put* en dollar. En cas de hausse du dollar, le portefeuille se valorisera d'autant et l'option ne sera pas exercée, la prime représentant un manque à gagner. Si le dollar baisse, la valeur de l'option augmentant, sa revente permettra de réaliser une plus-value compensant la dévalorisation du portefeuille.

Ainsi l'option protège contre une dépréciation jugée probable du dollar mais laisse une opportunité de tirer parti d'une hausse éventuelle. À la différence des autres modalités de couverture, l'option donne le droit à l'erreur et peut rapporter ; elle est donc bien adaptée à l'incertitude liée à l'évolution future des cours de change.

5. Les contrats d'échanges de devises (*swaps*)

Le marché des *swaps* ou contrats d'échanges de devises a connu une forte progression ces dernières années. C'est le second marché en importance, après le marché des changes au comptant. Il s'agit d'opérations exclusivement de gré à gré, à la différence des *currency futures* ou des options. Il existe plusieurs catégories de contrats d'échanges de devises. En premier lieu, les *swaps cambistes* ou de trésorerie pratiqués par les banques, mentionnés plus haut, qui sont de loin les plus importants en volume.

Une deuxième catégorie d'opérations est constituée par les *swaps de devises* (*currency swaps*). Celles-ci ont des durées plus longues que les *swaps* cambistes qui sont des opérations à court terme. Un *swap* de devises est un engagement de gré à gré par lequel deux contreparties échangent des flux financiers libellés dans deux monnaies différentes et à des taux généralement fixes. Un *swap* de devises est la combinaison simultanée d'une vente au comptant de devises et d'un achat à terme d'un même montant de devises. Cette double opération n'entraîne pas de risque de change. Au début du contrat d'échange, les contreparties échangent des montants spécifiques de devises différentes. Ensuite, elles règlent les intérêts selon un schéma déterminé. Généralement, seul le taux du *swap*, qui représente la différence entre le cours au comptant et le cours à terme, est payé. Enfin, elles remboursent le principal à l'échéance du *swap*. Un *swap* de devises permet ainsi de substituer un endettement libellé dans une devise à un endettement libellé dans une autre devise. Il permet de tirer parti de différences d'intérêt entre les marchés. Le *swap* est fondé sur le *principe des avantages comparatifs*. Par exemple, une entreprise française doit s'endetter en dollars, tandis qu'une entreprise américaine recherche un endettement en francs. Ces deux contreparties vont échanger un endettement en francs contre un endettement en dollars. Dans cette opération, l'entreprise française fera profiter l'entreprise américaine des conditions plus avantageuses qu'elle peut obtenir sur le marché du franc, et réciproquement. Les principaux acteurs du marché des *swaps* de devises sont les grandes entreprises et les banques. Les banques jouent le rôle de courtiers, en mettant en relation les contreparties. Elles peuvent également se porter contrepartie : les banques assument alors les risques de crédit, de livraison... Lorsqu'une banque est contrepartie à un *swap*, elle va essayer d'arranger un autre *swap* avec des caractéristiques symétriques avec une autre société de façon à équilibrer les flux et à diminuer son risque.

Les *swaps* de devises présentent plusieurs avantages : ils permettent de réduire le coût de l'endettement tout en protégeant les acteurs contre le risque de change. Ils permettent aux entreprises d'opérer sur des marchés qui ne leur sont pas directement accessibles.

Comparaison des techniques de couverture à terme

Le choix entre les techniques de couverture sur le marché interbancaire et les marchés dérivés — *futures*, options et *swaps* — sera dicté par plusieurs types de considérations :

— Les montants et les échéances sont standardisés sur les marchés des *futures* et des options. Ils peuvent donc ne pas être adaptés aux besoins de l'entreprise, alors que sur le marché interbancaire et le marché des *swaps* les caractéristiques et les conditions de la couverture peuvent être modulées, en tenant compte par exemple de la personnalité et du risque du client.

— Les marchés de *futures* et des options offrent de grands avantages en termes de flexibilité : à tout moment, une couverture peut être obtenue ou interrompue par acquisition ou cession de titres (si le marché est assez liquide), ce qui n'est pas le cas du marché interbancaire.

— Le marché des options donne, en outre, la possibilité de tirer profit d'une évolution favorable des taux de change. Cet avantage a pour contrepartie le coût relativement élevé des primes payées par les entreprises importatrices ou exportatrices pour se couvrir.

— Les *swaps* sont un instrument efficace pour restructurer les bilans multidevises et pour accéder à des conditions financières plus avantageuses sur les marchés étrangers.

III / L'équilibre du marché des changes

Les opérations effectuées sur le marché des changes répondent à trois catégories principales de motivations :
— opérer au moindre coût le règlement de transactions commerciales et financières, présentes et futures, libellées en monnaies étrangères. Au centre de ces opérations se situe *la couverture du risque de change* dont il vient d'être question ;
— rechercher un gain en capital, en s'exposant volontairement au risque de change : c'est *la spéculation* ;
— tirer profit des disparités de cours de change et de taux d'intérêt, certaines monnaies ou certaines échéances étant surcotées, ou sous-cotées par rapport à d'autres à un moment donné : ce sont *les arbitrages.*

L'équilibre du marché des changes dépend du comportement de ces trois catégories d'agents : les opérateurs en couverture, les spéculateurs et les arbitragistes.

1. La spéculation

Spéculer, c'est prendre délibérément un risque, dans l'espoir d'un gain ultérieur. Si la spéculation est entendue dans son sens le plus large, on peut dire qu'une partie importante de l'activité économique revêt une dimension spéculative : l'entrepreneur qui investit parie sur un accroissement de ses ventes futures ; le banquier qui prête anticipe sur les revenus futurs de son client. Il n'y a d'ailleurs pas plus spéculatif que le métier de banquier puisque celui-ci consiste largement à gérer des risques.

Les principaux mécanismes de la spéculation

Dans le domaine des changes, est spéculateur celui qui se met en position de change, et prend donc volontairement un risque de change, en espérant que l'évolution future du cours de change lui permettra de réaliser un gain en capital. Contrairement aux opérations de change liées aux transactions commerciales, les opérations spéculatives se suffisent généralement à elles-mêmes et n'ont pas nécessairement pour support une transaction commerciale ou financière. Aussi sont-elles souvent qualifiées d'*opérations sèches*.

Soit un agent économique qui anticipe une dépréciation de l'euro contre dollar et désire réaliser un profit en jouant l'euro à la baisse. Il prendra volontairement une position longue sur le dollar, c'est-à-dire qu'il accroîtra ses avoirs nets dans cette monnaie. Pour y parvenir, il peut procéder de diverses manières :

— Prendre *une position de change au comptant*, ce qui revient à : (1) acheter des dollars au comptant ; (2) les placer et (3) les vendre lorsque l'euro se sera déprécié contre dollar.

— Prendre *une position de change à terme* : au lieu d'acquérir au comptant la monnaie recherchée, l'agent se contente de passer un ordre d'achat à terme à sa banque. L'avantage de cette méthode est clair : le donneur d'ordre peut mettre en jeu des sommes considérables sans puiser dans sa trésorerie ni emprunter ; les risques de perte (ou de gain) en capital sont limités à une simple différence de cours, majorée (ou minorée) de la trésorerie engagée par la banque.

L'opération de spéculation peut également se faire grâce aux nouveaux instruments à terme, les *futures* et les options ; le principe est le même : l'opérateur prend une position longue sur la monnaie dont il anticipe une appréciation future. Ainsi, la technique des *futures* lui permet de mettre en jeu des sommes importantes en ne versant au départ que le montant du dépôt de garantie (le deposit).

Que la spéculation soit menée au comptant ou à terme, l'opération est profitable *ex-post* si la *dépréciation effective* de l'euro est supérieure à l'écart de taux d'intérêt entre l'euro et le dollar.

Ex-ante, l'opérateur fonde son attitude sur l'anticipation du taux de change, c'est-à-dire qu'il prend une position contre l'euro si la *dépréciation anticipée* de l'euro contre dollar est supérieure à l'écart de taux d'intérêt entre les deux monnaies en cause ; dans le cas contraire, le spéculateur adopte une position en faveur de l'euro.

Rôle et conséquences de la spéculation

Dans la réalité, les opérations de change liées aux transactions commerciales et financières ne se distinguent pas toujours des opérations de change destinées à réaliser des gains en capital (ce qu'on appelle parfois la *spéculation pure*). Il existe, en effet, toute une catégorie d'opérations « hybrides » qui, tout en ayant un lien apparent avec des transactions commerciales et financières, ont pour but de réaliser un profit. Ainsi, les entreprises importatrices ou exportatrices qui ne couvrent pas leur position de change peuvent être considérées comme ayant un comportement spéculatif. En position longue sur la devise, l'entreprise (exportatrice) parie sur une appréciation de celle-ci ; en position courte, l'entreprise (importatrice) mise sur sa dépréciation.

Indépendamment de tout jugement moral, la spéculation est nécessaire au bon fonctionnement des marchés à terme car elle en assure la *liquidité*. En effet, les ordres d'achats et de ventes à terme émanant des opérateurs qui cherchent à se couvrir ont le plus souvent peu de chances de s'ajuster *ex-ante*. Les marchés à terme sont structurellement déséquilibrés, et n'ont aucune chance de s'équilibrer spontanément, sans intervention de la spéculation. Les spéculateurs contribuent à l'ajustement nécessaire en se portant *contreparties* du solde des positions. Leur rôle paraît même indispensable puisqu'ils acceptent, en espérant un gain, de prendre un risque que les autres participants ne souhaitent pas courir.

La spéculation est-elle déstabilisante ?

On a beaucoup débattu pour savoir si la spéculation joue dans le sens de l'équilibre ou du déséquilibre des marchés. Tout dépend, en fait, de la période dans laquelle on se situe. *En période calme*, la spéculation tend à être équilibrante, les mouvements sur les cours de change étant *temporaires*. Par exemple, si le dollar baisse, et si sa dépréciation est jugée temporaire, les spéculateurs l'achètent, anticipant son redressement ultérieur. De même, une entreprise ayant à effectuer un paiement dans cette monnaie l'acquiert à l'avance, espérant l'acquérir « au creux de la vague ». À l'inverse, une entreprise ayant un avoir libellé en dollar en diffère la cession sur le marché des changes. Il est clair que ces comportements spéculatifs, destinés à réaliser des gains (ou à éviter des pertes) en capital, ont un *effet stabilisateur* car ils contribuent au redressement de la devise américaine.

À l'inverse, en *période de crise* sur les marchés, les anticipations changent de nature : les mouvements de parités sont considérés comme *durables*. En ce cas, les spéculateurs jouent la poursuite de la hausse des monnaies fortes qu'ils cherchent à acheter, et la poursuite de la dépréciation des monnaies en baisse qu'ils cherchent à vendre. Les opérations spéculatives sont alors *déstabilisantes* car elles tendent à amplifier les mouvements des parités. Pendant ces périodes de tensions, des sommes considérables sont échangées sur le marché des changes, et le cours des devises peut bouger de plusieurs points de pourcentage en une seule journée.

Il faut remarquer que toute opération de spéculation appelle, quand elle est *débouclée* (lorsqu'il y a prise de bénéfice) une opération de sens inverse. Ainsi, le profit de change à la baisse d'une monnaie se matérialise par le rachat de celle-ci après sa dépréciation. C'est pourquoi l'on assiste souvent à des « *reprises techniques* » sur les monnaies attaquées, au moment où les spéculateurs se débouclent pour *prendre leur bénéfice*. Ces débouclements d'opérations spéculatives contribuent aux mouvements de « *yo-yo* » qui caractérisent l'évolution des cours de change.

2. Les arbitrages

On appelle *arbitrages* les opérations qui visent à réaliser un profit en tirant parti des différences momentanées de cours de change entre plusieurs places, mais aussi d'écarts de taux d'intérêt sur les monnaies.

Arbitrages sur les cours de change

À tout moment de la journée, les cours des principales devises les unes contre les autres se forment sur les places financières en fonction de l'offre et de la demande. Des différences momentanées peuvent apparaître entre les cours des monnaies dont les cambistes vont tirer parti. Supposons qu'une banque française soit chargée par un de ses clients importateur

de chocolats suisses de l'achat de dix millions de francs suisses (CHF). Afin d'obtenir cette monnaie au meilleur taux, les cambistes font la comparaison suivante :
— le cours direct le plus bas auquel ceux-ci peuvent acheter du CHF contre euro est de 0,65 ; dix millions de CHF achetés à ce cours coûteraient 6 500 000 euros ;
— par ailleurs, ils peuvent acheter des dollars contre euro à 0,85 euro pour 1 dollar et vendre ces dollars contre francs suisses à 1,35 CHF pour 1 dollar, ce qui revient à se procurer la monnaie suisse à un « cours croisé » différent : 0,85/1,35 = 0,625 euro.

L'arbitrage entre les différents cours de change permet ainsi de gagner 0,25 million d'euros par rapport au coût de l'achat direct de dix millions de francs suisses au cours de 0,65 CHF pour 1 euro. De ce bénéfice potentiel doivent être déduits les commissions et frais de gestion (telex, téléphone).

Les cambistes sont à l'affût des différences de cours de change. Dans la réalité, celles-ci sont plus faibles que dans l'exemple précédent. Les arbitrages commencent à s'exercer dès que le cours CHF/euro par arbitrage est de 0,64995 alors que le cours direct CHF/euro est de 0,65. Ces écarts minimes suffisent pour réaliser de substantiels profits car les arbitrages portent sur des montants très élevés, de dix à vingt millions de dollars. La plupart des arbitrages sont réalisés par les cambistes agissant le plus souvent pour le propre compte de leur banque, indépendamment des ordres de la clientèle.

Le métier d'*arbitragiste* est éprouvant pour les nerfs, car il implique de prendre des décisions rapides, ces différences de cours étant généralement de très courte durée. Aujourd'hui, les cambistes travaillent souvent à l'aide de logiciels, ce qu'on appelle le *program trading*, qui détectent automatiquement les « anomalies » en ce qui concerne les écarts de taux d'intérêt et de cours sur les devises.

Les arbitrages sur taux d'intérêt et taux de change

Les arbitragistes cherchent à gagner de l'argent en arbitrant non seulement sur les cours de change mais aussi sur les écarts de taux d'intérêt entre monnaies. Trois groupes d'agents réalisent ces opérations : les banques, les gestionnaires de fonds ou « *traders* », et les entreprises multinationales dont le comportement cambiaire va être maintenant analysé. On distingue généralement deux types d'arbitrages selon que les arbitragistes restent couverts ou prennent un risque de change.

1) Si un opérateur recherche seulement une meilleure rentabilité des placements en trésorerie, sans prise de position de change, il réalisera un *arbitrage sur taux d'intérêt couvert en change*. Par exemple, supposons que l'écart de taux d'intérêt entre l'euro et le dollar est temporairement supérieur au déport de l'euro contre dollar :

$$I - I^* > \frac{Ft - Et}{Et}$$

où :
— I et I* sont les taux d'intérêt sur l'euro et le dollar,
— E t est le taux de change dollar/euro [1] à la période courante t,
— F t est le taux de change à terme.

Une opération d'arbitrage couverte profitable peut être réalisée (1) en achetant de l'euro au comptant pour se placer sur la monnaie la mieux rémunérée, et (2) en vendant à terme de l'euro contre dollar. Cette double opération permet de profiter de l'écart de taux d'intérêt favorable à l'euro tout en étant couvert contre le risque de change. Les arbitrages réduisent l'écart entre les deux termes de l'inégalité précédente et à l'équilibre on a :

(1)
$$I - I^* = \frac{Ft - Et}{Et}$$

La relation (1) décrit la parité couverte des taux d'intérêt. Celle-ci a été formalisée pour la première fois par Keynes en 1923. On retrouve la même égalité que dans l'encadré de la p. 23. La raison en est simple : dans la réalité, les « arbitragistes couverts » sont les banques. La relation (1) est toujours vérifiée et décrit la formation des cours de change à terme.

2) *Les arbitrages sur taux d'intérêt non couverts en change* impliquent une prise de position de change, comme les opérations de spéculation visant à réaliser un gain en capital. Mais alors que les opérateurs à la recherche de gains en capital se placent sur les monnaies fortes qui font en général un report, les arbitragistes non couverts se portent au contraire sur les

1. Dans cet ouvrage, les taux de change, notés E et F, sont cotés à l'incertain.

monnaies qui font un déport. Ces derniers opèrent donc à contre-courant du marché en ce qu'ils font le pari que la monnaie en déport ne subira pas une dépréciation de nature à leur causer une perte en capital supérieure au gain obtenu sur le différentiel de taux d'intérêt. Par exemple, opérateur est incité à effectuer un arbitrage non couvert entre l'euro et le dollar si, pour une échéance donnée (par exemple trois mois), l'écart de taux d'intérêt en faveur de l'euro est supérieur au taux de dépréciation anticipé de l'euro contre dollar. L'opération consiste à (1) emprunter du dollar et (2) acheter de l'euro pour le placer à un taux plus rémunérateur. À l'équilibre, une fois tous les arbitrages réalisés, on a l'égalité :

$$(2) \qquad I - I^* = \frac{E'_{(t+1)} - E_{(t)}}{E_{(t)}}$$

où $E'_{(t+1)}$ est le taux de change anticipé dollar/euro en t + 1 et les autres variables ont la même signification que précédemment.

La relation (2) décrit *la parité non couverte des taux d'intérêt.*

L'arbitragiste non couvert « spécule », dans la mesure où il se met délibérément en position de change ; et pourtant il a un comportement opposé à celui du spéculateur pur décrit dans les pages précédentes puisque — contrairement à ce dernier — il se place sur une monnaie faible ; ces deux types d'opérations ont des effets inverses sur l'équilibre du marché des changes ; les arbitragistes non couverts font en quelle que sorte la contrepartie des spéculateurs. Ces différences de comportement s'expliquent essentiellement par des divergences en ce qui concerne les anticipations sur la valeur future d'une monnaie.

Le rôle des arbitrages

Les opérations d'arbitrage jouent un rôle essentiel dans le fonctionnement des marchés : en tirant parti des différences entre places et entre marchés, les arbitrages tendent à éliminer les déséquilibres et à rendre les marchés « parfaits ». Ceci explique que les réglementations nationales des changes permettent généralement aux cambistes d'effectuer des arbitrages en toute liberté et sans limitation de montant.

En fin de compte, deux grandes *tendances contradictoires* s'opposent en permanence sur le marché des changes :
— l'arbitrage exerce une force de *convergence* qui, si elle était seule à agir, finirait par faire disparaître toute différence de cours ;
— les opérations de change liées aux transactions commerciales et financières internationales font surgir, à chaque instant, les *divergences* des comportements acheteurs et vendeurs. C'est notamment le cas des opérations de spéculation et de termaillage, dont on a vu qu'elles pouvaient avoir des effets déstabilisants sur l'équilibre du marché des changes. Aussi le marché des changes atteint-il rarement un équilibre durable, ce qui explique pourquoi les taux de change sont soumis à d'incessantes fluctuations.

IV / Instabilité des taux de change et développement explosif du marché

L'instabilité des cours de change est une des caractéristiques majeures de l'économie mondiale actuelle. Cela n'a pas toujours été le cas : comme l'illustre le graphique 1, qui représente les variations relatives de la parité dollar/yen, cette instabilité n'existait pas au cours des années 1960. Elle est apparue depuis l'avènement du flottement des monnaies en 1971. Il est devenu fréquent d'enregistrer des variations de change de l'ordre de 5 % à 10 % d'un mois à l'autre. En longue période, les mouvements des parités ont été particulièrement importants : de 1979 à 1985, le cours du dollar s'est apprécié de l'ordre de 80 % contre les monnaies européennes — on a parlé de la « bulle du dollar » —, puis la monnaie américaine s'est rapidement dépréciée de 1985 à juillet 1991. De 1995 à 1998, la parité du dollar a enregistré une hausse de plus de 30 %, ce qui a contribué aux crises de change des monnaies asiatiques en 1997-1998. Au cours des deux premières années d'existence de l'euro, en 1999-2000, le dollar s'est apprécié de plus de 20 % contre la monnaie européenne.

Volume et structure des opérations de change

Les statistiques de la Banque des Règlements Internationaux (BRI) révèlent que la dimension globale du marché des changes a littéralement explosé au cours des années récentes : le volume des opérations quotidiennes sur l'ensemble des places financières a presque triplé d'avril 1989 à avril 1998, passant de 620 à 1 587 milliards de dollars, comme l'indique le tableau III.

Les données de la BRI font également apparaître que les opérations traditionnelles de change continuent d'occuper une place

GRAPHIQUE 1. — LA VOLATILITÉ DU COURS DOLLAR/YEN
Variations mensuelles en % de 1965 à 2000

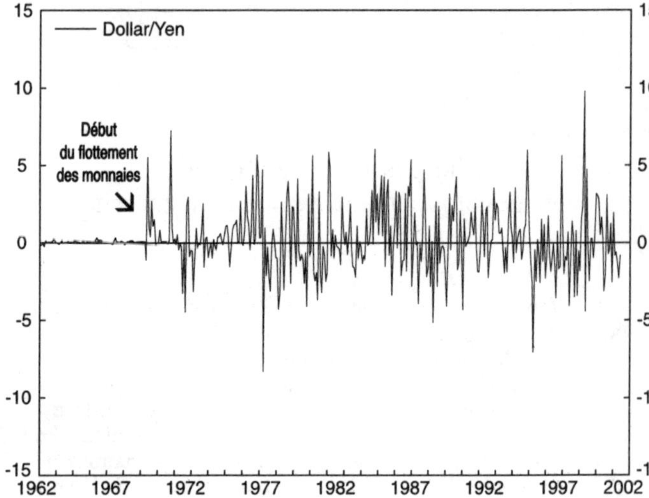

TABLEAU III. — ACTIVITÉ SUR LES MARCHÉS DES CHANGES
(Moyennes journalières sur l'ensemble des places financières en milliards de dollars)

Catégorie	*Avril 1989*		*Avril 1998*		*Variation 1989-1998*
	Montant	*%*	*Montant*	*%*	
A. Opérations traditionnelles	*590*	*95*	*1 490*	*94*	*+ 152 %*
Comptant	350	56	590	37	+ 68 %
Terme bancaire et *swaps* cambistes	240	39	900	57	+ 275 %
B. Autres produits dérivés	*30*	*5*	*97*	*6*	*+ 223 %*
Dont : *swaps* de devises	–	–	10	1	–
Options	–	–	87	5	–
Total général : A + B	*620*	*100*	*1 587*	*100*	*+ 156 %*

Source : d'après l'enquête triannuelle de la Banque des Règlements Internationaux.

prédominante : en 1998, le poids de ces opérations (comptant, terme interbancaire, *swaps* cambistes) s'élevait à 94 %, contre 95 % en 1989 (tableau III). On constate un déclin des opérations « *spot* » au profit de celles de terme et des *swaps* cambistes. Les nouveaux produits dérivés, même s'ils se développent rapidement, n'occupent qu'une place encore modeste, estimée à 6 % en 1998.

Autre caractéristique importante du marché des changes : les opérations cambiaires sont réalisées dans une forte proportion (près de 90 % en 1998) entre banques et autres intermédiaires financiers. Cette donnée confirme le fait que le marché des changes demeure largement un marché interbancaire.

Les échanges commerciaux n'expliquent à eux seuls qu'une fraction de l'activité globale du marché des changes. Aujourd'hui, l'essentiel des opérations de change est la contrepartie d'opérations financières et de mouvements internationaux de capitaux dont l'importance est devenue prépondérante dans les échanges entre pays. On estime que les opérations de change induites par des opérations financières sont, en moyenne, soixante-dix fois supérieures au montant des échanges internationaux de biens et services.

Prépondérance du dollar et de la place de Londres

Le dollar demeure la monnaie de référence puisque, même si sa part a légèrement décru depuis 1989, 87 % des transactions identifiées en 1998 mettaient en jeu la monnaie américaine pour un côté de l'opération (tableau IV). L'ensemble constitué par la zone euro se place au second rang avec une part de 52 %, en fort accroissement depuis 1989. Le yen et la livre sterling viennent ensuite avec 21 % et 11 % des transactions, ce qui correspond à une diminution du poids de ces monnaies par rapport à 1989.

Cette explosion des transactions cambiaires est allée de pair avec leur concentration sur quelques places financières. En 1998, la première place revenait à Londres avec 32 %, devant les États-Unis (18 %) et le Japon (8 %). Pour les opérations de change traditionnelles, la place de Paris ne se classe qu'en huitième position derrière Francfort, la Suisse, Singapour et Hong-Kong. En revanche, pour les opérations sur produits dérivés, Paris s'est hissé en 1998 au troisième rang mondial, derrière Londres et New York.

TABLEAU IV. — RÉPARTITION DES OPÉRATIONS DE CHANGE*
PAR DEVISES ET PAR PAYS

En %	*Avril 1989*	*Avril 1998*
Principales devises		
Dollar américain	90	87
Yen	27	21
Livre sterling	15	11
Monnaies de la zone euro	33	52
Dont : Deutsche mark	27	30
Franc français	2	5
Total toutes devises	*200*	*200*
Principaux pays		
Royaume-Uni	26	32
États-Unis	16	18
Japon	15	8
Singapour	8	7
Allemagne	–	5
Suisse	8	4
Hong-Kong	7	4
France	3	4
Total tous pays	*100*	*100*

Source : d'après l'enquête triannuelle de la Banque des Règlements Internationaux.

* Opérations de change traditionnelles.

Forte concentration du marché des changes

L'activité du marché des changes s'avère de plus en plus concentrée. La part de l'activité imputable aux dix premières banques est passée de 1992 à 1998 de 41 % à 51 % pour les États-Unis, de 43 % à 50 % pour le Royaume-Uni. Pour certains pays, cette proportion est encore plus élevée (65 % au Japon, 80 % en France). Deux séries de facteurs semblent avoir accéléré cette concentration : les opérations de fusion-acquisition dans le milieu bancaire et la création de l'euro qui a entraîné la disparition d'un grand nombre de parités en Europe.

La structure du marché a été profondément affectée par cette concentration : l'activité de teneur de marché (*market maker*) est aujourd'hui le fait d'une dizaine d'acteurs essentiellement anglo-saxons. Ces derniers sont les seuls, selon les opérateurs, à pouvoir capter les ordres des clients, source privilégiée d'informations et de bénéfices sur le marché au comptant.

Deuxième partie

Les théories du change

Variable macroéconomique clé par laquelle sont censées s'ajuster entre elles les économies nationales, le taux de change a retenu depuis longtemps l'attention des économistes. Élaborées dans un contexte de parités fixes et de croissance rapide du commerce international, les premières théories font des échanges de biens et services et de leurs prix les principaux déterminants des taux de change ; elles s'appliquent surtout à dégager les évolutions à long terme, puisqu'à court terme les variations de change étaient limitées. Avec le développement des mouvements de capitaux et la généralisation des changes flottants au début des années 1970, qui se sont traduits par de fortes fluctuations des parités, un second groupe de théories a mis l'accent sur le rôle explicatif des facteurs financiers. La réflexion s'est alors centrée sur les causes de l'instabilité à court terme des taux de change. Des tentatives de synthèse ont cherché à montrer que la dynamique des taux de change provient des interactions entre le compte courant et le compte de capital de la balance des paiements.

Les développements qui suivent proposent un panorama des théories [1] mettant l'accent sur les échanges de biens et services (chap. V) et sur les mouvements de capitaux (chap. VI). On présente leurs apports essentiels et leur capacité à expliquer l'évolution des taux de change, à partir des données économiques fondamentales (balances des paiements, différences d'inflation et de taux d'intérêt, etc.). Un constat s'impose : les théories contemporaines du change parviennent difficilement à

1. Les ouvrages les plus complets à ce sujet sont BAILLIE et MCMAHON [1990] et ARTUS [1997].

expliquer, et encore moins à prévoir, l'évolution à court terme du change. En revanche, sur l'évolution à long terme du change, les économistes ont des choses à dire susceptibles d'éclairer les politiques de change (chap. VII).

V / La détermination du change par les biens et services

1. La situation de la balance des transactions courantes

Jusqu'au début des années 1970, l'approche théorique la plus répandue fait reposer l'explication des mouvements cambiaires sur la situation des balances commerciales ou des balances courantes. Dans les modèles keynésiens qui s'imposent alors, développés par Mundell [1960] et Fleming [1962], la dynamique des taux de change dépend principalement de l'état du solde des échanges extérieurs, lui-même relié au niveau de la demande interne et des taux d'intérêt.

On constate, en effet, qu'en moyenne période (sur plusieurs années) les pays à monnaie faible sont ceux dont la balance courante a tendance à être déficitaire. Symétriquement, les pays à monnaie forte sont ceux dont le solde extérieur est positif : c'est typiquement le cas du Japon qui a accumulé des excédents structurels au cours des deux dernières décennies, en particulier à l'égard des États-Unis ; il en est résulté une appréciation tendancielle du yen par rapport au dollar, comme le montre le graphique 2.

Une partie importante de la réflexion théorique et des travaux empiriques suscités par cette approche a tourné autour des relations liant les prix et les volumes dans les équations d'importations et d'exportations ; elle se résume dans le théorème des *élasticités critiques* (ou « condition de Marshall-Lerner »), dont il sera question dans la troisième partie de ce livre, et qui fixe les conditions à partir desquelles les changements de parités permettent effectivement de rétablir l'équilibre des échanges extérieurs.

Balance des paiements et taux de change

1. LES PRINCIPAUX POSTES DE LA BALANCE DES PAIEMENTS

La balance des paiements est un document comptable qui recense l'ensemble des opérations effectuées, pendant une période de temps donnée (généralement l'année), par les agents durablement installés dans un pays, appelés « résidents », avec les agents extérieurs « non-résidents ». Conformément au 5e manuel du FMI, les balances des paiements peuvent être décomposées en trois blocs :

I. Le compte des transactions courantes constitue le « haut » de la balance des paiements ; elle comprend quatre sous-ensembles :
1. les échanges de biens comptabilisés dans la *balance commerciale*,
2. les échanges de services,
3. les revenus de facteurs (notamment les revenus d'investissements),
4. les transferts courants (aide, transferts de travailleurs migrants, transferts européens).

II. Le compte de capital : transferts d'actifs financiers (remises de dette notamment) et incorporels (brevets).

III. Le compte financier retrace quatre catégories de mouvements de capitaux :
1. les investissements directs qui sont des opérations financières réalisées avec l'étranger dans un but de contrôle (au moins 10 %) du capital social des entreprises,
2. les investissements de portefeuille, c'est-à-dire les achats et ventes de valeurs mobilières avec l'étranger effectués dans un but de placement,
3. les autres investissements, notamment les crédits commerciaux ; les crédits et dépôts des banques,
4. les variations des avoirs de réserve officiels, résultant des interventions des autorités monétaires sur le marché des changes.

Les balances des paiements sont élaborées selon le principe de la *comptabilité en partie double* : chaque opération donne lieu à deux écritures de même montant et de signes opposés ; ainsi, une importation de marchandises payée à crédit se traduit par une dépense (signe –) dans la balance commerciale et symétriquement par une entrée de capital (signe +) dans la balance des capitaux. Du fait de ce mode de comptabilisation, une balance des paiements est globalement équilibrée, aux erreurs et omissions près qui peuvent être importantes.

2. LES PRINCIPAUX SOLDES DE LA BALANCE DES PAIEMENTS

Les opérations qui constituent une balance des paiements peuvent être regroupées de plusieurs manières, ce qui fait apparaître différents soldes qui s'articulent de la manière suivante :

1. Solde des biens
2. Solde des services
3. Solde des revenus
4. Solde des transferts courants
5. Compte de capital

Compte financier
6. Investissements directs
7. Investissements de portefeuille
8. Autres investissements
   dont : a. opérations bancaires
9. Avoirs de réserve

A. Transactions courantes
1 + 2 + 3 + 4

B. Besoin ou capacité de financement de la Nation : A + 5

C. Solde à financer : B + 6

D. Solde de la balance globale : tous les postes moins 8.a et 9

3. LE LIEN ENTRE BALANCE DES PAIEMENTS ET TAUX DE CHANGE

Le taux de change est le prix auquel s'échangent les monnaies nationales entre elles. Les achats et ventes des monnaies les unes contre les autres résultent des opérations sur biens, services et actifs financiers entre pays. Il existe donc un lien étroit entre l'évolution des taux de change et celle des balances des paiements qui enregistrent l'ensemble des opérations entre pays. Les différentes analyses théoriques privilégient des soldes différents des balances des paiements pour expliquer la détermination des taux de change.

Le lien entre taux de change et balances des paiements doit néanmoins être relativisé pour trois raisons :

— La précision des balances des paiements n'est pas parfaite : c'est le phénomène du « trou noir » qui vient de ce que certaines opérations sont mal recensées (par exemple, les capitaux clandestins).

— En Europe, la création du marché unique des capitaux, avec la libre circulation des biens, des services et des capitaux rend plus difficile le recensement des flux intra-européens.

— Les balances des paiements sont des documents en termes de « flux », alors que ce sont souvent les « stocks » (ou encours) d'actifs échangés qui comptent pour expliquer les taux de change, comme le montrent les analyses financières du taux de change.

2. Les prix relatifs et la parité du pouvoir d'achat

L'autre approche de référence est la théorie de la parité du pouvoir d'achat (PPA) qui fait dépendre les taux de change des prix relatifs entre pays. Les origines de cette analyse remontent aux économistes anglais du XIXe siècle comme Ricardo. C'est l'économiste suédois Cassel qui formalise cette loi en 1916 en énonçant que les variations de parités compensent celles du différentiel de prix entre pays.

La PPA d'une monnaie par rapport à une autre se définit, dans un premier temps, à partir de deux biens fabriqués dans chacun des pays, parfaitement substituables et librement échangés. La PPA est alors le taux de change qui égalise la valeur unitaire de chacun des deux biens. L'approche en termes de PPA peut être généralisée en comparant, pour deux pays, des paniers de biens échangeables. L'hypothèse de départ est simple : la valeur d'une monnaie est déterminée par le montant de biens et services qu'elle permet d'acquérir, c'est-à-dire par son pouvoir d'achat interne qui évolue en raison inverse du niveau général des prix domestiques.

Il y a deux versions de la théorie de la PPA : la *version absolue* postule que le pouvoir d'achat d'une monnaie nationale est identique sur le marché intérieur et à l'étranger ; par exemple, si la parité franc/mark respecte la PPA, un consommateur français peut acquérir avec 100 francs le même panier de biens sur les marchés français et allemands. Elle implique que : $E = P / P^*$, où E est le taux de change, P et P^* sont respectivement le niveau des indices des prix domestique et étrangers. Le taux de change se déduirait, selon cette approche, d'un simple rapport entre deux indices de prix.

La *version relative* de la PPA découle de la version absolue, tout en étant moins restrictive. Elle n'implique pas, en effet, que le *niveau* du taux de change soit égal au rapport du *niveau absolu* des prix domestiques et étrangers, mais plutôt que les *variations* du taux de change soient égales à l'écart entre les *variations* des prix domestique et étrangers. En d'autres termes, les variations relatives du taux de change se déduisent de l'écart d'inflation entre pays : $e = p - p^*$, où e est la variation relative du taux de change, p et p^* sont les variations relatives des prix domestique et étrangers.

La PPA est la théorie du change la plus connue, sans doute en raison de sa simplicité. Pourtant, cette approche souffre d'importantes limites. Elle suppose vérifiée *la loi du prix unique*, selon laquelle chaque marchandise ne peut avoir qu'un seul prix, quelle que soit la monnaie utilisée pour l'exprimer. Or cette loi repose sur une hypothèse d'équilibre général et de concurrence à l'échelle internationale, ce qui est loin de correspondre à la réalité. En effet, l'intégration économique est imparfaite dans l'économie mondiale ; les biens produits sur les différents marchés nationaux ne sont pas parfaitement substituables. Cette imperfection est surtout liée à des comportements microéconomiques : d'une part, les consommateurs n'ont aucune raison d'avoir les mêmes préférences d'un pays à l'autre ; d'autre part, pour maximiser leurs profits, les entreprises fixent des prix rigides en monnaie nationale et différenciés d'un marché à l'autre. Ainsi, la PPA ne peut s'appliquer dans le court terme, les prix de marchandises étant bien plus inertes que les taux de change.

La théorie de la PPA a suscité un grand nombre de travaux empiriques qui infirment généralement le bien-fondé de cette approche. On constate que les parités s'écartent durablement de la PPA. Ainsi, d'après l'OCDE, qui a réalisé une comparaison sur l'année 1990, les prix de la demande finale américaine étaient alors inférieurs de 30 % aux prix allemands exprimés en dollars courants et de 35 % aux prix japonais ; cet écart s'est amplifié jusqu'à atteindre, au premier trimestre 1995, 50 % vis-à-vis de l'Allemagne et 88 % vis-à-vis du Japon. Dans le secteur manufacturier, pourtant directement exposé à la concurrence internationale et dont les prix devraient s'égaliser plus rapidement, l'écart moyen est, au début de 1995, d'environ 50 %.

Le graphique 2 illustre cette divergence constante entre le taux de change nominal du dollar contre yen, déterminé sur le marché des changes, et le taux de change de PPA qui assure la parité du pouvoir d'achat des monnaies américaine et japonaise. On constate ainsi que de 1986 à 1998 le taux de change de PPA est supérieur au taux de change nominal, ce qui signifie que le yen est resté surévalué pendant douze ans. Il apparaît, en revanche que le taux de change d'équilibre dollar-yen, calculé en fonction des « fondamentaux » (voir p. 50), est beaucoup plus proche de l'évolution constatée de la parité.

Certaines études empiriques récentes, utilisant de nouvelles techniques économétriques, ont analysé les relations de long terme entre les prix relatifs et les taux de change des principales monnaies [Mac Donald, 1995]. Ces travaux ont permis des avancées intéressantes. Ils montrent qu'il existe des relations de cointégration entre ces variables. Il y aurait une valeur d'équilibre à long terme vers laquelle tendraient les taux de change réels, définis comme le produit du taux de change nominal par les prix relatifs. En d'autre termes, l'évolution des taux de change nominaux compenserait les écarts de prix entre pays. Ces résultats sont parfois interprétés comme une vérification de l'hypothèse de PPA. Ce type de conclusion ne semble pas fondée car, pour que la PPA soit vérifiée, il faudrait que le taux réel soit stable au cours du temps. Or celui-ci suit généralement une importante dérive tendancielle qui résulte de phénomènes réels, tels que les écarts entre pays concernant les rythmes de productivité [Balassa, 1972] et les niveaux de développement économique [Lafay, 1984].

Faut-il rejeter totalement la notion de PPA ? La réponse est que cette approche n'est pas une théorie explicative satisfaisante, mais constitue cependant une référence de long terme pour évaluer les niveaux économiquement justifiés des taux de change (cette interprétation est discutée p. 73).

GRAPHIQUE 2. — PARITÉ DOLLAR-YEN : TAUX DE CHANGE DU MARCHÉ, D'ÉQUILIBRE ET DE PARITÉ DU POUVOIR D'ACHAT

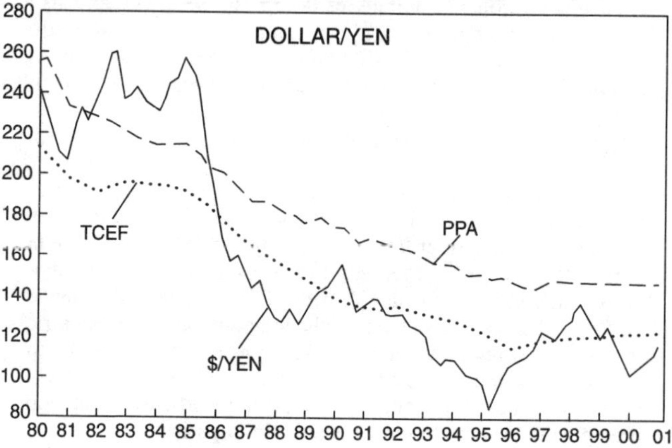

Source : Goldman Sachs.

Légende : TCEF : taux de change d'équilibre fondamental calculé par Goldman Sachs ; PPA : taux de parité du pouvoir d'achat calculé par l'OCDE. Une baisse de la parité dollar-yen signifie une appréciation du yen.
Le dollar cotait 240 yens en 1980 et seulement 110 yens en 2000.

VI / Les approches financières du taux de change

L'une des principales limites des analyses théoriques du taux de change fondées sur les échanges internationaux de biens et services est que celles-ci ignorent, ou à tout le moins sous-estiment, le rôle des facteurs financiers. Il est vrai que la plupart de ces approches « réelles » ont été élaborées à un moment où les transactions financières internationales étaient encore peu importantes et très réglementées. Actuellement, les opérations financières induisent un volume d'échanges de devises beaucoup plus important que les transactions courantes, comme le suggère l'évolution de la structure de la balance des paiements française depuis 1980 :

TABLEAU V. — STRUCTURE DE LA BALANCE DES PAIEMENTS FRANÇAISE

En % du total de la balance	*1980*		*1990*		*2000*	
	Crédit	*Débit*	*Crédit*	*Débit*	*Crédit*	*Débit*
Transactions courantes	71,1	72,5	43,9	45,0	11,9	11,3
Flux financiers, dont :	28,8	27,5	56,1	55,0	88,1	88,7
Invest. de portefeuille	(8,0)	(7,9)	(42,1)	(38,1)	(78,1)	(78,9)
Invest. directs	(2,0)	(2,0)	(2,1)	(4,2)	(1,7)	(4,7)
En % du PIB						
Flux financiers	14	14	41	40	258	261
Trans. courantes	35	36	32	33	35	33

Source : Rapports annuels de la Balance des Paiements, Banque de France.

Comme les opérations financières — par exemple l'achat ou la vente de titres étrangers — sont souvent menées à un horizon court, alors qu'il faut généralement du temps pour exploiter un avantage comparatif dans un échange de biens et services, la détermination des taux de change dépend surtout des facteurs financiers *à court terme* et davantage des facteurs réels *à plus long terme*.

L'analyse des déterminants financiers des taux de change a fait l'objet de deux types d'approches théoriques :

A. Les analyses qui montrent l'influence des variables monétaires et financières : (1) l'approche monétaire des taux de change ; (2) les modèles de choix de portefeuille, et (3) la théorie de l'efficience des marchés.

B. Les analyses qui cherchent à expliquer l'instabilité des taux de change : (1) les modèles de « surréaction » des taux de change et (2) de « bulles rationnelles » ; (3) les approches en termes de mimétisme et d'hétérogénéité des comportements ; enfin (4) les modèles de crises de change.

A. Les modèles de change fondés sur les variables financières

1. L'approche monétaire des taux de change

L'approche monétariste se différencie fortement des analyses « réelles » du change : selon celle-ci, la détermination du taux de change reflète d'abord l'équilibre du marché de la monnaie. L'évolution du change est reliée à la balance des règlements officiels et non pas aux transactions courantes. Par ailleurs, développée au cours des années 1970 notamment par Frenkel [1976], la théorie monétariste du change se situe dans le cadre du régime de changes flexibles dont elle cherche à montrer la supériorité sur celui des changes fixes qui vient d'être abandonné.

Le point de départ du raisonnement monétariste est la demande de monnaie, considérée comme la relation macroéconomique la plus stable et la plus importante. Cette fonction dépend, d'une manière classique, du revenu, des prix et du taux d'intérêt, comme suit :

(1) $$M = P \,.\, L(Y, i)$$

(2) $$M^* = P^* \,.\, L(Y^*, i^*)$$

où :
— M et M* sont les stocks de monnaie domestique et étranger,
— P et P* sont le niveau général des prix domestique et étranger,
— Y et Y* sont le niveau du revenu réel domestique et étranger,
— i et i* sont les taux d'intérêt réels domestique et étranger.

Les équations (1) et (2) décrivent l'équilibre sur les marchés monétaires domestique et étranger à partir des stocks de monnaies offerts (M et M*), considérés comme exogènes (contrôlés par les autorités monétaires), du niveau des prix (P et P*), et des fonctions de demande d'encaisses réelles L( ) supposées semblables dans les différents pays pour simplifier.

On notera que, dans ce modèle, les agents économiques ne détiennent que de la monnaie nationale. Les arbitrages s'effectuent entre actifs monétaires nationaux, d'une part, et actifs réels et financiers domestiques et étrangers, d'autre part. Il y a donc absence de substituabilité entre les actifs monétaires domestiques et étrangers, mais parfaite substitution entre actifs réels et financiers domestiques et étrangers.

Le taux de change est introduit dans le modèle de base en postulant la PPA, ce qui donne :

$$(3) \qquad P = E \, . \, P^*$$

où E est le cours d'une unité de devise étrangère en monnaie nationale (cotation à l'incertain : une hausse de E correspond à une dépréciation de la monnaie nationale).

En combinant les équations (1) à (3), et par élimination des prix, on obtient :

$$(4) \qquad E = \frac{M}{M^*} . \frac{L(Y^*, i^*)}{L(Y, i)}$$

La relation (4) fait ainsi dépendre le taux de change des offres et demandes de monnaie, la détermination du taux de change étant expliquée par les évolutions relatives entre pays des masses monétaires, des revenus réels et des taux d'intérêt. Le taux de change, qui est le prix relatif des monnaies, est déterminé par l'offre de monnaie contrôlée par les autorités monétaires, d'une part, et par les comportements des détenteurs d'encaisses monétaires, d'autre part.

Il apparaît en particulier que, pour des taux d'intérêt et des revenus réels donnés, le taux de dépréciation de la monnaie nationale est égal à la différence entre les taux de croissance

TABLEAU VI. — FONCTIONNEMENT DES MODÈLES MONÉTAIRES ET DE CHOIX DE PORTEFEUILLE

Effets sur le taux de change	*Modèle monétaire*	*Modèle de choix de portefeuille*
Accroissement de l'offre de monnaie intérieure	Dépréciation	Dépréciation
Hausse du taux d'intérêt intérieur	Dépréciation	Appréciation
Accroissement du revenu réel domestique	Appréciation	—
Accroissement du portefeuille de titres étrangers	—	Dépréciation

des masses monétaires. En conséquence, toutes choses égales par ailleurs, un accroissement du revenu réel domestique entraîne une demande supplémentaire de monnaie nationale et se traduit par une appréciation de la monnaie nationale. En effet, pour un stock nominal de monnaie (M) donné, la demande d'encaisse réelle supplémentaire ne peut être satisfaite que par une baisse des prix domestiques, ce qui amène une appréciation de la monnaie nationale, par suite de la PPA (relation (3)). Ce résultat s'oppose à la logique du modèle « keynésien », dans lequel une augmentation du revenu réel intérieur amène, toutes choses égales par ailleurs, une dépréciation de la monnaie nationale par suite de l'accroissement induit des importations. Cette différence provient de ce que, dans l'analyse des déterminants du change, les monétaristes mettent l'accent sur le rôle de la demande de monnaie tandis que les keynésiens privilégient la propension à importer.

L'une des principales conclusions de l'approche monétaire des taux de change, défendue notamment par Johnson [1977], est que tout déséquilibre de change peut être résorbé par une politique strictement monétaire, suivant le paradigme monétariste qui postule que toute la sphère réelle peut être contrôlée par l'intermédiaire de la monnaie.

La plupart des vérifications empiriques de l'approche monétaire du taux de change, effectuées sur la relation (4) pour un grand nombre de pays, se sont révélées décevantes, comme le montrent Baillie et McMahon [1990]. Une des raisons principales est l'instabilité de la fonction de demande de monnaie : c'est une limite bien connue des modèles monétaristes. Sur le plan théorique, le modèle monétaire peut également être critiqué pour ses hypothèses peu réalistes de PPA et de parfaite substituabilité des actifs financiers.

Le principal mérite de cette approche a été de mettre en lumière l'importance des *variables de stocks* (les actifs monétaires et financiers) et de leur relation avec les variables de flux (les revenus notamment) dans la détermination des taux de change. Le modèle monétaire a ainsi ouvert la voie à une approche plus générale du change en termes de demandes d'actifs proposée par les modèles de choix de portefeuille.

2. Les modèles de choix de portefeuille

Les modèles de portefeuille constituent aujourd'hui le cadre théorique de référence pour la plupart des théoriciens du change. L'économie mondiale y est considérée comme un ensemble de marchés d'actifs, principalement monétaires et financiers. Les opérateurs sont supposés échanger sur ces marchés afin de maximiser l'utilité retirée de leurs portefeuilles d'actifs. L'évolution des taux de change relève donc d'une logique patrimoniale ; elle est le reflet d'arbitrages permanents entre actifs transitant nécessairement par le marché des changes. S'inspirant de la théorie des choix de portefeuille initiée par Tobin et Markowitz au cours des années 1950, ces modèles expliquent la répartition optimale des portefeuilles individuels en fonction *des rendements et des risques relatifs* à chaque type de placement. L'introduction de risques différenciés sur les actifs financiers permet de lever l'hypothèse trop restrictive, retenue par l'approche monétaire du change, de parfaite substituabilité des actifs financiers.

Les premiers modèles d'équilibre de portefeuille ont été développés par McKinnon [1969], Branson [1975] et Kouri [1976]. Dans la version la plus simple, on postule un modèle à un pays, dans lequel les agents économiques ne peuvent pas détenir de devises étrangères, et dont les équations de base sont les suivantes :

(5) $M = a(i, i^*, r, r^*)\,W$
(6) $B = b(i, i^*, r, r^*)\,W$
(7) $EF = c(i, i^*, r, r^*)\,W$
(8) $W = M + B + EF$

où :
— M est le stock de monnaie nationale,
— B est l'offre d'actifs nationaux,

— F représente les détentions nettes d'actifs en devises étrangères,
— W est la richesse totale,
— E est le cours des devises étrangères exprimé en monnaie nationale,
— i et i* sont les taux d'intérêt des titres domestiques et étrangers,
— r et r* sont les risques sur les titres domestiques et étrangers.

Les équations (5) à (7) décrivent les conditions d'équilibre de marché et les comportements de demande de monnaie nationale, de titres nationaux et de titres étrangers qui sont les trois actifs à la disposition des agents.

Les demandes de ces trois actifs sont une fonction positive de la richesse existante [1]. Par ailleurs, il est supposé que la demande de monnaie nationale — donnée par l'équation (5) — décroît avec les hausses de taux d'intérêt soit nationaux, soit étrangers. La demande de titres nationaux — donnée par l'équation (6) — augmente avec le taux d'intérêt domestique et le risque sur les titres étrangers ; elle décroît avec le taux d'intérêt étranger et le risque sur les titres nationaux. Symétriquement la demande de titres étrangers — décrite par l'équation (7) — s'accroît avec les taux d'intérêt étrangers et les risques des titres nationaux ; elle diminue avec les taux d'intérêt nationaux et les risques sur les titres étrangers.

La relation comptable (8) définit la contrainte budgétaire des investisseurs, mesurée par leur richesse globale. D'après cette relation, on doit avoir : $a + b + c = 1$, de telle sorte que les équations de comportement (5) à (7) ne sont pas indépendantes. Par ailleurs, F peut être positif ou négatif, selon que le pays considéré est créditeur ou débiteur net par rapport à l'étranger. En combinant les équations (5) à (8), on obtient la forme réduite suivante du modèle :

$$(9) \qquad EF = (1 - a - b)\,W = f(i, i^*, r, r^*)\,W$$

Cette relation peut être réécrite sous la forme :

$$(10) \qquad E = f(i, i^*, r, r^*)\,\frac{W}{F}$$

1. La formulation retenue ici suppose également que les fonctions de demande sont homogènes de degré 1 par rapport à W, c'est-à-dire que toute variation relative de W induit une variation relative identique de M, B et F.

La relation (10) fait apparaître le taux de change comme une variable déterminée par le processus des choix de portefeuille qui permet une répartition de la richesse entre monnaie nationale, titres nationaux et étrangers conforme aux désirs des investisseurs. En d'autres termes, le taux de change est le prix qui assure l'équilibre sur les différents marchés d'actifs nationaux et étrangers.

Dans le cadre du modèle de choix de portefeuille, le taux de change est donc déterminé par les facteurs qui affectent l'offre et la demande d'actifs monétaires et financiers. Partant d'un équilibre initial, on peut étudier l'impact des variations de certains de ces facteurs sur le change.

Une hausse du taux d'intérêt domestique élève la part désirée de richesse détenue sous forme d'actifs nationaux, ce qui accroît la demande de monnaie nationale et conduit à l'appréciation de celle-ci (la variable E diminue dans l'équation (10)). Ce résultat est opposé, il faut le souligner, à celui du modèle monétaire (tableau VI). La dépréciation du change se produit évidemment en cas de hausse du taux d'intérêt étranger.

Un accroissement du stock de monnaie nationale décidée par les autorités monétaires engendre un excès d'offre de monnaie, ainsi qu'un excès de demande de titres nationaux et étrangers. Il y a une sortie de capital, correspondant aux achats de titres étrangers, ce qui amène une dépréciation de la monnaie nationale.

Portée des modèles de portefeuille

La vérification empirique des modèles de choix de portefeuille s'avère généralement difficile par suite du manque de données statistiques fiables concernant l'évaluation de la richesse, et en particulier les détentions d'actifs étrangers. L'estimation complète de ces modèles étant parfois impossible, celle-ci débouche souvent sur des équations simplifiées peu concluantes, comme l'a notamment montré Melitz [1981].

L'intérêt principal de l'approche en termes de choix de portefeuille est de donner une vision riche et très générale des processus de détermination des taux de change, notamment grâce à des hypothèses « réalistes » comme l'imparfaite substituabilité des titres. Pour cette raison, le modèle de choix de portefeuille constitue aujourd'hui un cadre d'analyse très « consensuel ». Le modèle de Branson [1975] illustre bien cet

enrichissement de l'analyse. Deux idées principales y sous-tendent la formalisation de la détermination du taux de change :
— *à long terme*, le taux de change résulte d'un processus d'interaction entre marché des flux réels et marché des stocks d'actifs. Pour illustrer cette idée, supposons une innovation technologique se traduisant par une réduction de la demande d'importations. Celle-ci conduit à une augmentation des avoirs nets à l'étranger par suite de l'amélioration du compte courant. Pour rétablir l'équilibre de leur portefeuille, les résidents nationaux vont chercher à réduire leurs avoirs étrangers et à accroître leur détention de titres nationaux. Il y a vente de titres étrangers, ce qui induit un excès d'offre de devises étrangères et amène une appréciation du taux de change. Ainsi, dans le modèle de choix de portefeuille, les échanges de biens et services affectent-ils les taux de change *via* leurs effets sur les détentions d'actifs étrangers ;
— *à court terme*, le taux de change est déterminé à partir des conditions prévalant sur le marché des stocks d'actifs. L'un des aspects les plus novateurs de l'approche en termes de portefeuille est d'avoir montré que, à chaque instant, l'ordre de grandeur des *stocks* de titres susceptibles d'être échangés contre des titres libellés en d'autres devises est beaucoup plus important que les *flux* d'achats et de ventes de devises liés aux transactions courantes. Par ailleurs, dans des conditions normales, les marchés d'actifs peuvent s'adapter beaucoup plus rapidement à des changements de situation que les marchés des biens. Il est bien connu que des mouvements de fonds considérables — qu'on appelle parfois les « capitaux flottants » —, correspondant à un ajustement à la marge dans la composition des portefeuilles, peuvent avoir lieu instantanément, par exemple à la suite d'un resserrement de la politique monétaire. En revanche, le compte courant réagit beaucoup plus lentement à une modification de ses déterminants fondamentaux.

La substitution entre monnaies

Le modèle de choix de portefeuille comme le modèle monétaire supposent que les résidents de chaque pays ne détiennent que leur monnaie nationale, ce qui revient à postuler une absence de substitution entre les monnaies. Cette caractéristique est apparue peu conforme à la situation actuelle. L'internationalisation des échanges amène, en effet, les entreprises et les banques à détenir une trésorerie multidevises dont elles cherchent en permanence à optimiser la composition.

Une nouvelle génération de modèles monétaires a été élaborée, notamment par Miles [1978], dans laquelle les monnaies sont substituables entre elles. La demande de monnaie reflète un comportement « mondial » au sens où chaque devise est désirée non seulement en fonction du taux d'intérêt domestique, mais également des taux d'intérêt étrangers. Ces modèles mettent l'accent sur les conséquences qu'entraînent, pour la détermination des taux de change, les substitutions qui s'opèrent entre monnaies lorsque les coûts relatifs de leur détention varient. Ils montrent que, si la substituabilité entre monnaies devient très forte, les taux de change deviennent extrêmement instables. Les travaux dont le retentissement a été le plus grand à ce sujet sont ceux de McKinnon [1982]. Ils aboutissent à la conclusion qu'il faut raisonner en termes de *demande mondiale de monnaie*, car celle-ci est stable tandis que les demandes nationales d'euros, de yen ou de dollars, etc., ne le sont pas à cause des comportements de substitution entre devises.

Ces résultats ont d'importantes conséquences en termes de conduite des politiques économiques. En particulier, il apparaît que le régime de flottement des monnaies n'a pas le rôle stabilisateur dont on l'a souvent paré ; par ailleurs, les politiques monétaires nationales ne bénéficient pas de l'autonomie annoncée par les défenseurs de ce régime de change. Le modèle à substitution de devises conclut, au contraire, à l'interdépendance des politiques monétaires et à la nécessité d'une coopération monétaire internationale, thème qui sera repris plus loin dans ce livre.

3. L'hypothèse d'efficience du marché des changes

Plus récemment, l'accent a été mis sur le rôle des taux d'intérêt et des anticipations pour expliquer la dynamique des taux de change. Le processus d'intégration des marchés internationaux de capitaux qui s'est accéléré au cours des années 1980, a amené les théoriciens à prendre l'hypothèse d'efficience du marché des changes comme modèle de référence. Une façon de définir l'efficience [Fama, 1970] est de considérer que le taux de change à la période t contient toute l'information disponible en t.

L'efficience du marché des changes implique que deux hypothèses soient satisfaites. En premier lieu, *les arbitrages sont parfaits*, c'est-à-dire que les actifs financiers sont parfaitement substituables. Les opérateurs sont supposés être indifférents quant aux risques présentés par les différents titres entre lesquels ils arbitrent, c'est-à-dire que les rendements anticipés des actifs en différentes monnaies sont égaux. Par exemple, si le franc bénéficie de taux d'intérêt supérieurs de 2 % à ceux du mark, il faut que la monnaie allemande soit anticipée comme devant s'apprécier de 2 % en rythme annuel par rapport au franc pour qu'un placement soit aussi rémunérateur dans les deux monnaies. Formellement, cela signifie que la condition de parité non couverte des taux d'intérêt — qui été présentée p. 37 — est vérifiée :

(11) $$e'_{t+n} - e_t = i_t - i^*_t$$

où :

— e'_{t+n} est le logarithme du taux de change anticipé pour la période t + n,

— e_t est le logarithme du taux de change observé pour la période t,

— i_t et i^*_t sont les taux d'intérêt domestique et étranger en t.

L'existence éventuelle d'un écart durable entre les deux membres de l'égalité (11) signifie que les investisseurs considèrent les différents actifs comme n'étant pas parfaitement substituables ; l'actif dont le rendement anticipé est le plus élevé, et qui pourtant n'attire pas d'achats plus importants, souffre d'une *prime de risque*.

La deuxième hypothèse impliquée par l'efficience des marchés est que les opérateurs font des *anticipations rationnelles* : ils utilisent toute l'information économique disponible, d'une part, et connaissent la « vraie » loi d'évolution de la variable qu'ils prévoient, d'autre part ; cela revient à considérer, en quelque sorte, que les opérateurs ont en tête le « bon » modèle de détermination du change et qu'ils savent le faire fonctionner avec les données pertinentes. La principale conséquence des anticipations rationnelles est que les agents ne font pas d'erreurs de prévisions systématiques. En d'autres termes, les écarts (u_t) entre le taux de change constaté à la période t (e_t) et le taux de change anticipé pour cette période (e'_t), compte tenu de l'information disponible à la période précédente (I_{t-1}), ont une espérance mathématique E ( ) nulle. Formellement, ce résultat s'exprime en écrivant :

(12) $e_t = (e'_t / I_{t-1}) + u_t$ avec $E(u_t) = 0$

En combinant les relations (11) et (12), on obtient une autre formulation de la parité non couverte des taux d'intérêt :

(13) $e_{t+n} - e_t = (i_t - i^*_t) + u_t$

où les différentes variables, exprimées en notations logarithmiques, ont la même signification que précédemment.

La relation (13) donne *la condition d'efficience du marché des changes*. Celle-ci a été soumise à des vérifications empiriques par des estimations économétriques de la forme suivante :

(14) $e_{t+n} - e_t = a + b\,(i_t - i^*_t) + u_t$

L'hypothèse d'efficience est rejetée par la plupart des tests économétriques, notamment par Artus [1988] pour le franc et par Stein [1990] pour le dollar. Les estimations mettent en effet en évidence un coefficient de (a) significativement différent de 0, un coefficient de (b) significativement différent de 1, et les termes d'erreurs (u_t) ne sont pas indépendants, ce qui contredit la relation (14).

Primes de risque et imparfaite substituabilité des actifs

Le rejet de l'hypothèse d'efficience du marché des changes a été interprété le plus souvent comme le signe d'une *imparfaite substituabilité* des actifs libellés dans les différentes devises, illustrée par l'existence de primes de risque. Ce résultat a donné lieu à plusieurs explications. La première est que ces primes sont essentiellement liées à la *volatilité des taux de change* : plus le taux de change d'une monnaie est instable, plus celle-ci apparaît risquée. Des comparaisons menées notamment par Giovannini et Jorion [1989] entre les monnaies flottantes (dollar, yen) et celles du sytème monétaire européen (SME), qui bénéficient d'une réduction institutionnelle de la volatilité à court terme, suggèrent que ce facteur joue un rôle central dans la formation de la prime de risque.

Une autre explication de la prime de risque est fondée sur le fait que le système monétaire international est hiérarchisé et qu'il existe de profondes *asymétries entre les monnaies*, surtout par rapport au dollar. Ainsi la forte appréciation de la monnaie américaine au début des années 1980 — le dollar est passé de 4 francs fin 1979 à 10,85 francs en février 1985 — a été expliquée par l'existence d'une *prime de risque fortement négative*, c'est-à-dire très favorable à la monnaie américaine. Frankel et Froot [1987] montrent que, d'après les données d'enquête publiées, les marchés anticipaient une baisse de l'ordre de 10 % du dollar face au mark sur l'année à venir de 1981 à 1985, alors que l'écart de taux d'intérêt en faveur du dollar n'était que de 4 % environ. En d'autres termes, les opérateurs acceptaient de détenir du dollar tandis qu'ils s'attendaient à subir une perte annuelle de près de 6 % par rapport au mark (perte de change de 10 % partiellement compensée par un écart d'intérêt positif de 4 %). Un tel comportement s'explique largement par le rôle d'*habitat préféré* joué par les valeurs américaines qui entraîne une forte demande de dollars contre devises. Cette préférence s'explique surtout par l'attrait des marchés financiers américains, offrant à la fois liquidité, sécurité et diversité des instruments de placement, comme le souligne l'étude de Davanne [1990].

B. Les explications théoriques de l'instabilité des changes

L'abandon des parités fixes, au début des années 1970, s'est traduit par une forte instabilité des taux de change que les théoriciens ont tenté d'expliquer. Deux types de modèles ont été élaborés dans ce but : le premier modèle décrit la « surréaction » des taux de change par les différences de vitesses d'ajustement entre les marchés des biens et des actifs financiers. Une deuxième catégorie de travaux met l'accent sur le rôle des facteurs psychologiques et des anticipations. Pendant les turbulences des années 1920, l'économiste français Aftalion avait déjà montré l'importance de la dimension psychologique dans la détermination des taux de change. On a redécouvert récemment cette théorie psychologique du change en donnant un rôle clé aux rumeurs (les « *news* ») et aux comportements mimétiques que Keynes avait également mis en avant.

1. La théorie de la surréaction des taux de change

Cette approche, présentée en 1976 par Dornbusch, a eu un grand retentissement car elle propose la première analyse cohérente de l'instabilité des taux de change et constitue une synthèse des approches réelles et financières de la détermination du taux de change.

L'instabilité des taux de change provient de ce que *les vitesses d'ajustement* sont différentes sur les marchés financiers et les marchés des biens et services. Dornbusch fait en effet l'hypothèse que les prix des marchés financiers s'ajustent instantanément aux variations de l'offre et de la demande alors que les prix des biens et services sont rigides à court terme. *À long terme*, le sentier d'équilibre du taux de change est défini par la parité du pouvoir d'achat (PPA) : l'évolution du cours de change est gouvernée par le différentiel d'inflation entre les pays. *À court terme*, le marché des changes est dominé par les mouvements de capitaux et son équilibre suppose la vérification de la parité des taux d'intérêt (PTI) : l'écart de taux d'intérêt entre deux monnaies est égal au taux anticipé de dépréciation du taux de change. Les anticipations de change sont fondées sur la PPA et ramènent donc le taux de change vers son niveau de long terme ; la PPA joue ainsi le rôle « de point d'ancrage » au système.

La dynamique des changes selon Dornbusch est alors la suivante : à court terme un choc monétaire, prenant par exemple la forme d'un accroissement de l'offre de monnaie, entraîne une baisse du taux d'intérêt national ; celle-ci, s'ajoutant à l'anticipation d'une dépréciation de la monnaie liée au laxisme monétaire, déclenche une dépréciation instantanée du taux de change allant au-delà de sa nouvelle valeur de long terme respectant la PPA. Il y a ainsi *surréaction* (*overshooting*) du taux de change, au sens où le mouvement immédiat du change est trop fort et doit être compensé par la suite. En effet, dans un second temps, à la suite de la dépréciation initiale de la monnaie, les échanges de biens et services réagissent par une amélioration de la balance courante qui amène une appréciation de la monnaie jusqu'à ce que la norme de PPA soit à nouveau respectée.

La conclusion centrale des modèles de surréaction est que les déséquilibres qui prennent place sur le marché des changes ne se résolvent pas nécessairement par un processus de convergence régulière vers l'équilibre. La théorie de « l'overshooting » a marqué une étape importante dans la compréhension des changes flexibles en proposant un cadre d'analyse permettant d'expliquer la volatilité des changes. Cette approche a d'ailleurs fourni un argument théorique de poids pour montrer les effets pervers du flottement des monnaies.

Les modèles de surréaction connaissent cependant d'importantes limites liées aux hypothèses sous-jacentes. En particulier, les résultats du modèle dépendent crucialement du rôle joué par les anticipations : en principe, la surréaction résulte uniquement de vitesses d'ajustement différenciées sur les marchés des biens et des actifs financiers ; elle se produit en l'absence de toute anticipation (c'est-à-dire avec des anticipations statiques). En fait, c'est l'incapacité des agents à anticiper le taux de change de long terme qui les conduit à surajuster leurs portefeuilles ; et la convergence du change vers son équilibre de long terme est liée au fait que les anticipations sont supposées stabilisantes, car elles ramènent les parités sur le sentier d'équilibre, ce qui n'est pas nécessairement conforme à la réalité.

2. La théorie des bulles spéculatives rationnelles

La surévaluation du dollar au milieu des années 1980 ainsi que le krach boursier d'octobre 1987 ont contribué à susciter une nouvelle approche théorique de l'instabilité. L'idée de départ est qu'il peut exister des écarts durables entre le taux de change (ou le prix des actifs financiers) qui se forme sur le marché et sa valeur d'équilibre correspondant aux déterminants économiques « fondamentaux » (inflation, taux d'intérêt, balance des paiements, etc.). Cet écart est appelé « bulle spéculative » car il tend à se gonfler, pour se résorber ensuite brutalement. Formellement, on a :

(15) $$E = E^* + B$$

où E est le taux de change du marché, E* est le taux de change d'équilibre, et B est la bulle spéculative.

Un certain nombre de travaux, menés en particulier par Blanchard et Watson [1984], ont montré que les bulles pouvaient être compatibles avec l'hypothèse d'efficience des marchés et notamment les anticipations rationnelles. Cette théorie des *bulles rationnelles* a connu un certain succès car elle a permis, sans remettre en cause la théorie dominante, d'établir trois résultats qui semblent bien correspondre à l'expérience récente du fonctionnement des marchés :

— à court terme, le marché des changes peut connaître une multiplicité de solutions d'équilibre ;
— la divergence entre le taux de change du marché et sa valeur « fondamentale » peut être croissante ;
— le taux de change dépend alors de sa propre valeur anticipée : les anticipations deviennent « autoréalisatrices ».

Le processus de la bulle de change est le suivant : la plupart des opérateurs anticipent l'appréciation d'une monnaie sans prendre en compte les « fondamentaux » ; il en résulte une demande excédentaire en faveur de cette monnaie dont le taux de change s'apprécie et s'éloigne de sa valeur économique fondamentale. Les anticipations s'autoréalisent et le marché est efficient au sens où il anticipe correctement l'évolution du change. Mais comme les rumeurs versatiles l'emportent sur les calculs rationnels, les anticipations se retournent et la bulle finit par éclater.

Ce concept de « bulle rationnelle » apparaît en fait largement antinomique car les notions de bulles et de rationalité, au sens où l'entend la théorie orthodoxe, sont peu compatibles. L'étude des phénomènes de « bulles de change » suggère en effet que les opérateurs ne semblent pas faire usage de toute l'information disponible dans de telles situations. Le cas de la bulle observée sur le dollar de 1980 à 1985 est éclairant : comme l'a indiqué Krugman [1986], « le marché n'a pas bien fait ses comptes » ; les opérateurs qui jouaient alors le dollar à la hausse n'ont pas exploité les informations disponibles sur le caractère « insoutenable » de l'appréciation continue de la monnaie américaine, notamment avec l'aggravation des déficits « jumeaux » (budgétaire et extérieur) des États-Unis.

3. Hétérogénéité des comportements et anticipations mimétiques

Il existe une autre explication, plus satisfaisante, de l'existence de bulles et de la volatilité des taux de change. Celle-ci fait appel aux différentes stratégies des acteurs du marché, d'une part, et à des comportements d'anticipation plus conformes à la logique du marché des changes, d'autre part [Cartapanis, 1996]. Il y a, en effet, deux grandes catégories d'acteurs sur le marché des changes : d'une part, les opérateurs qui prennent leurs décisions en fonction des « fondamentaux » — ce sont par exemple les « commerciaux » — et, d'autre part, les « *traders* », ou gestionnaires financiers, qui ont un horizon très court car ils sont à l'affût des moindres occasions de profits. Le poids de ces derniers est devenu très important. Il peut alors être rationnel d'ignorer les « fondamentaux » dans la très courte période si les parités sont effectivement déterminées par les stratégies décidées heure par heure par ces « *traders* ».

Ces professionnels qui « font le marché » forment un milieu très hermétique où « tout le monde pense la même chose en même temps ». Les moindres informations, ou « *news* », prennent alors un poids considérable en raison de la « myopie » des opérateurs. Dans un tel contexte, les anticipations se forment selon un *processus mimétique*. Chaque opérateur forme ses anticipations, non pas à partir d'une grandeur exogène, par exemple la valeur « économique » du taux de change, mais en fonction de ce que sera l'opinion moyenne du marché.

Cette analyse n'est pas nouvelle ; elle a été formulée par Keynes qui a précisément défini la spéculation comme « l'activité qui consiste à prévoir la psychologie du marché ». En situation d'incertitude totale, dans laquelle se plaçait Keynes, le mimétisme est un comportement rationnel car il permet de profiter de l'information des opérateurs informés.

L'analyse contemporaine des bulles spéculatives reprend cette idée keynésienne. Comme le montre Orléan [1989], les bulles spéculatives peuvent être expliquées à partir de processus de *contagion mimétique* des anticipations. Lorsque les agents ont le choix, pour former leurs anticipations, entre acquérir une information en la payant, ou obtenir celle-ci gratuitement en se basant sur le prix du marché, c'est généralement la seconde solution qui sera retenue. Si on se trouve dans une situation d'imitation généralisée, dans laquelle chacun copie l'autre en croyant qu'il détient l'information, alors qu'aucun agent n'est informé, le prix qui se forme ne reflète que la « psychologie du marché » et ne contient aucune autre information. On est en présence d'un processus d'anticipations « autoréalisatrices » dans lequel un prix va s'autoconfirmer, même s'il s'éloigne de plus en plus de son niveau d'équilibre fondamental. Ainsi se développent les bulles de change, entretenues par les comportements mimétiques.

Il existe donc deux paradigmes concurrents du marché des changes : d'un côté, on trouve une approche d'inspiration walrassienne, reposant sur trois postulats : l'homogénéité des comportements, l'équilibre général et les anticipations

Tableau VII. — Deux représentations théoriques alternatives du marché des changes

	Modèle I d'inspiration walrassienne	*Modèle II d'inspiration keynésienne*
Agrégation : Passage micro-macro	Hypothèse de l'agent représentatif	Prise en compte de l'interaction entre agents hétérogènes
Rationalité des agents	Rationalité individuelle et optimisatrice sur la base des « fondamentaux »	Deux types de rationalité: — fondamentaliste — chartiste : rationalité collective et mimétique
Environnement des opérateurs	— Lois économiques stables et connues de tous — Les événements économiques sont probabilisables	— Les processus économiques sont complexes, irréguliers et ne sont que partiellement connus — Les événements économiques futurs sont incertains et ne sont pas toujours probabilisables
Conception de l'équilibre	Équilibre général et convergence vers un état stationnaire	— Équilibres multiples, indétermination de l'équilibre optimal — Possibilité de processus divergents et explosifs

rationnelles ; à cette conception se rattachent les théories de l'efficience et des bulles rationnelles. D'un autre côté, il y a une analyse théorique d'inspiration keynésienne, qui introduit les comportements mimétiques et met en avant l'hétérogénéité des acteurs et leurs interactions. Cette seconde approche apparaît plus séduisante car elle donne un fondement microéconomique mieux adapté au fonctionnement effectif des marchés, dans lesquels la psychologie des différentes catégories d'opérateurs est essentielle. De plus, ce cadre théorique est plus en mesure d'expliquer l'instabilité des changes que l'approche walrassienne selon laquelle les marchés convergent spontanément vers un équilibre général stationnaire. Plusieurs analyses, notamment par De Grauwe *et al.* [1993], ont ainsi montré que l'interaction entre opérateurs « fondamentalistes » et « chartistes » engendre une dynamique de marché instable, de type « chaotique », dont les caractéristiques sont très proches de celles constatées empiriquement. À court terme, le marché ne converge pas spontanément vers un équilibre général ; il y a une multiplicité d'équilibres possibles selon les configurations du marché et les anticipations.

4. Les modèles de crises de change

La théorie a également été amenée à se renouveler pour expliquer les crises de change. Trois générations de modèles de crise de change se sont succédé pour tenter de prendre en compte la spécificité de chaque série de crises : crise de la dette des années 1980 en Amérique latine, crise du SME de 1992-1993 puis crise des pays émergents asiatiques en 1997-1998.

Une première génération de modèles, initiée par Krugman [1979], fait jouer un rôle central aux réserves de change et aux « fondamentaux » (déficit extérieur, inflation...) dans l'explication des crises de change. Selon cette analyse, les crises de change sont provoquées par l'insuffisance des réserves de change causée par un déficit persistant des balances des paiements et par de mauvais fondamentaux. Une dévaluation de la monnaie, qui restaure l'équilibre des échanges extérieurs et permet de reconstituer les réserves de change, suffit à mettre fin aux crises de change. Cette analyse est apparue inadaptée au cas de la crise du SME qui a concerné des monnaies « vertueuses » comme le franc français. En 1992, les fondamentaux pouvaient, en effet, sembler à l'avantage du franc : l'inflation était nettement plus faible en France qu'en Allemagne ; le franc apparaissait sous-évalué par rapport au mark selon la plupart des mesures, et notre pays connaissait un excédent de la balance courante. Enfin, la France était alors le seul pays (avec le Luxembourg) à satisfaire aux critères de convergence de Maastricht. Plusieurs analyses, dont Artus [1994], ont montré que la crise du franc peut être expliquée à partir des « fondamentaux élargis », incluant tous les facteurs affectant les anticipations de change, comme le taux de chômage, particulièrement élevé en France.

Les attaques spéculatives autoréalisatrices

Une deuxième génération de modèles, dont la paternité remonte à Obstfeld [1986], fait jouer un rôle central aux anticipations « autoréalisatrices » dans l'explication des crises de change. À la différence des modèles précédents, cette approche ne suppose pas l'existence préalable de déséquilibres économiques fondamentaux : pour qu'une crise de change éclate, il suffit que les opérateurs anticipent que leur attaque spéculative conduira à un changement de politique économique et à une dépréciation future de la monnaie. Le caractère autoréalisateur de la spéculation provient d'un lien de circularité entre les anticipations du marché et la politique des autorités monétaires. Alors que la crédibilité d'une parité dépend de la détermination des autorités à défendre celle-ci, la détermination des autorités dépend réciproquement de la crédibilité de la parité. En effet, une parité peu crédible (*i.e.* surévaluée) impose aux autorités monétaires des taux d'intérêt élevés, qui augmentent le coût de maintenir la parité fixe et rendent la dévaluation plus tentante [Jeanne, 1996].

Les attaques contre les monnaies du SME en 1992-1993 illustrent cette interprétation. Les opérateurs savaient que les opinions publiques européennes étaient critiques à l'égard des sacrifices imposés par la participation de leur monnaie au SME. C'est ce qui a suscité des attaques spéculatives fondées sur des doutes quant à la détermination des autorités monétaires à défendre des parités jugées peu crédibles.

En insistant sur le caractère autoréalisateur de la spéculation, ces approches récentes ont le mérite de donner une explication du caractère désormais imprévisible et irrésistible des attaques spéculatives. Toutefois, comme l'ont montré plusieurs études [Frankel et Rose, 1996], le mauvais état des « fondamentaux » joue également un rôle important dans la plupart des crises. Il est donc souhaitable de faire la synthèse des approches des crises de change en termes de fondamentaux et de panique financière auto-réalisatrice : c'est l'objet des modèles de la troisième génération qui ont été développés à la suite de la crise des pays émergents asiatiques de 1997-1998. Ces crises de change sont liées à une dégradation des fondamentaux de ces pays (croissance, équilibre extérieur, inflation). Leur déclenchement provient d'un mouvement de panique des investisseurs étrangers perdant brutalement confiance. Deux facteurs jouent un rôle crucial dans ce processus de crise : les banques et l'aléa de moralité [Krugman, 1998]. Se croyant protégées par les garanties implicites des gouvernements locaux, les banques ont pris des risques excessifs. Dès que les premières faillites sont apparues, les gouvernements ont ôté leurs garanties, et les crises ont éclaté.

VII / À la recherche des taux de change d'équilibre

1. Les limites des modèles de change à court terme

Dans une étude retentissante et dévastatrice publiée en 1983, Meese et Rogoff ont clairement montré l'incapacité des modèles issus des principales théories du change à prévoir correctement l'évolution des taux de change à court terme (moins d'un an). Suprême humiliation pour les théoriciens du change, pour des horizons de un à douze mois, l'opérateur obtient une meilleure prévision avec le modèle naïf suivant, appelé modèle de « marche au hasard », qui suppose que le taux de change d'aujourd'hui constitue la meilleure prévision des taux de change futurs :

(16) $$e_{t+1} = a + b\, e_t + u_t$$

où :

— e_{t+1} est le taux de change de la période future t + 1,
— e_t est le taux de change de la période actuelle t,
— u_t est un terme aléatoire ou « bruit blanc ».

Ce résultat, confirmé par d'autres études, notamment par Frankel [1984], a le mérite d'être cohérent avec ce que l'on sait du comportement des cambistes qui « font » le marché. Deux méthodes — chartiste ou fondamentaliste — peuvent être utilisées par les praticiens pour prévoir les taux de change. Les enquêtes montrent que la *méthode chartiste* (du mot anglais *chart* qui veut dire graphique), qui consiste à prolonger les tendances passées, est utilisée d'une manière prépondérante par les cambistes, dont l'horizon est généralement très court (moins d'un mois). À plus long terme (trois à douze mois) les *fondamentaux*, c'est-à-dire les déterminants économiques du change (prix, taux d'intérêt, solde extérieur...), ont plus de poids sur la formation des anticipations qui sont alors stabilisantes, comme l'indiquent Frankel et Froot [1990].

Cette incapacité de la théorie moderne à expliquer et à prévoir l'évolution du change à court terme provient de ce que celle-ci n'a pas su tirer toutes les conséquences de la globalisation financière sur la dynamique du système financier international. En particulier, l'ouverture des marchés et les progrès réalisés dans le domaine de la communication ont accru le volume de l'information tout en rendant celle-ci moins fiable, comme en témoigne le rôle des rumeurs (les « *news* »). L'intégration des marchés a rendu plus importants les effets de contagion ; le processus de formation des anticipations s'en est trouvé modifié. De même, les marchés financiers, qui étaient souvent oligopolistiques et connaissaient une certaine stabilité, se sont déstructurés sous l'effet de la concurrence. Toutes ces transformations ont accru l'instabilité et l'incertitude sur les marchés financiers.

Par ailleurs, les théories du change ont eu tendance à oublier deux faits importants. C'est d'abord l'existence de profondes *asymétries entre les monnaies* avec les phénomènes d'habitat préféré. Il est évident que le même schéma théorique ne peut fonctionner pour toutes les monnaies, étant donné les différences importantes existant quant à leur rôle sur les marchés internationaux de capitaux. On ne peut expliquer le taux de change du dollar de la même façon que celui d'une monnaie de second rang. Enfin, le taux de change n'est pas une variable totalement endogène, par suite des interventions des banques centrales qui cherchent à réduire son instabilité. Les monnaies ne flottent pas librement, contrairement à ce que postulent la plupart des modèles. Il convient donc de prendre en compte le rôle des autorités monétaires.

Au total, le processus de formation des taux de change est beaucoup plus complexe que le supposent les modèles traditionnels. Il en résulte, en particulier, que les taux de change suivent des lois de distribution statistique qui sont très différentes de celles qui sont postulées dans la plupart des modèles économétriques, comme l'indique l'encadré p. 72.

Propriétés statistiques des taux de change

Une des raisons pour lesquelles les modèles économétriques ont du mal à décrire et à prévoir l'évolution des taux de change est que ceux-ci ont des propriétés statistiques différentes de celles postulées par l'économétrie traditionnelle. Un grand nombre d'études, notamment par Boutillier [1992], montrent en effet que les séries de taux de change sont hétéroscédastiques, ne suivent pas une loi normale et ne sont pas stationnaires. Ces résultats sont d'autant plus nets que la périodicité des séries de change est courte. Il en résulte que les paramètres statistiques et les coefficients obtenus par les méthodes d'estimation standard, telles que les moindres carrés ordinaires, sont biaisés.

— *Hétéroscédasticité* : l'économétrie traditionnelle postule que la variance des séries est indépendante du temps. Or cette hypothèse d'homoscédasticité n'est pas respectée par les taux de change, dont la volatilité (mesurée par leur variance) n'est pas constante. La présence d'hétéroscédasticité entraîne des estimations inefficientes des paramètres et de la matrice variance-covariance. Cette erreur est particulièrement gênante dans le cas des modèles de choix de portefeuille dans lesquels la variance joue le rôle d'indicateur de risque.

— *Non-normalité* : la loi de distribution normale se caractérise par sa symétrie par rapport à la moyenne et par la faible probabilité des points extrêmes. La plupart des tests montrent que la distribution statistique des taux de change viole ces deux propriétés fondamentales de la loi normale. La loi de distribution des taux de change est le plus souvent non symétrique et se trouve être plus étalée sur les extrémités, faisant ainsi apparaître des « queues épaisses » (*leptokurtosis*). Une modélisation des taux de change sans prise en compte de leur non-normalité entrainera une mauvaise spécification et des biais importants dans les estimations ; en particulier, la vraisemblance de la loi sera fausse, et les tests statistiques habituels (écart type, t de Student...) ne seront plus valides.

— *Non-stationnarité* : la plupart des séries de change sont non stationnaires, ce qui peut correspondre à la présence d'une racine unitaire du premier ordre (ou du second ordre), suivant une relation du type :

$$X_t = a\ X_{t-1} + u_t \text{ où } a = 1$$

Ce résultat amène certains à conclure que le comportement des devises peut être représenté par *une marche au hasard.*

Toute modélisation qui ne prendrait pas en compte cette non-stationnarité risque de donner des résultats peu satifaisants.

De nouvelles techniques ont été développées récemment pour traiter les distributions statistiques n'ayant pas les propriétés admises par la modélisation traditionnelle. C'est le cas des tests élaborés par Dickey et Fuller pour détecter les problèmes de stationnarité. De même, on a développé les modèles ARCH (pour *AutoRegressive Conditionnaly Heteroscedastic*) qui sont adaptés aux processus de variance variable et autocorrélée. Ce cas particulier d'hétéroscédasticité entraîne une leptokurticité des distributions empiriques des séries. Il s'agit là d'une propriété intéressante pour toutes les séries de prix d'actifs financiers (dont les taux de change) dont la volatilité est à la fois variable et inerte, de sorte que les forts mouvements sont suivis de forts mouvements, et les mouvements « plats » généralement suivis de mouvements « plats ».

Il faut cependant noter que les résultats obtenus jusqu'ici avec ces nouvelles techniques d'estimation ne sont pas toujours concluants parce que la correction des biais implique un nombre souvent important de transformations et conduit à des résultats dont la signification économique est parfois difficile à interpréter.

2. Les déterminants à long terme des taux de change

La plupart des analyses récentes du change ont un horizon relativement court (inférieur à un an). Menés selon une problématique différente, d'autres travaux ont cherché à expliquer l'évolution du change *à moyen et long terme*. Le point de départ de ces réflexions est le constat selon lequel, depuis le flottement des monnaies en 1971, les mécanismes de marché n'ont pas permis de fixer les taux de change à des niveaux compatibles avec un fonctionnement harmonieux de l'économie mondiale. L'objectif poursuivi est double : d'une part, rechercher les mécanismes qui sont à l'origine des déviations durables des parités par rapport à leur valeur d'équilibre à long terme, en recherchant les déterminants structurels du change (voir P. Rollet [1990]) ; d'autre part, comme le fait la *théorie des zones-cibles*, proposer des *normes de change* suceptibles d'éclairer les politiques économiques dont le rôle est jugé essentiel face aux carences du marché.

Ces travaux, menés notamment au CEPII [1995], montrent que les marchés ne fonctionnent pas selon les représentations des théories traditionnelles. En particulier, la théorie de la parité du pouvoir d'achat (PPA) n'est pas vérifiée, même en longue période. On observe en effet de profondes disparités entre les niveaux de prix des pays après conversion dans le même numéraire (cf. le cas du Japon, p. 50). Les déviations des taux de change par rapport à la PPA se sont amplifiés depuis le début des années 1970, perturbant la concurrence internationale et aggravant les déséquilibres mondiaux. Pour analyser ces écarts, l'analyse a été menée en termes de taux de change réel, égal au rapport des prix des différents pays exprimés en monnaie commune, selon la formule suivante : $ER = E.(P / P^*)$, où E est le taux de change nominal, nombre d'unités monétaires du pays considéré pour acquérir une unité de la monnaie de référence ; ER est le taux de change réel ; P est le niveau des prix (du PIB) du pays ; P^* est le niveau des prix des pays étrangers.

Si la PPA était vérifiée, les taux de change réels devraient rester constants dans le temps puisque les différences de prix devraient être compensées par l'évolution des taux de change nominaux. On observe au contraire dans la réalité que les taux de change réels sont généralement affectés d'amples variations en longue période. Depuis les premiers travaux de Gilbert et Kravis [1954], il a été établi — notamment par Lafay [1984] —

qu'*à long terme* l'évolution du change réel est étroitement liée au niveau relatif de développement des pays. Ce lien entre taux de change réel et niveau relatif de développement est expliqué par trois types de *facteurs structurels*. Intervient tout d'abord un mécanisme de *productivités relatives*, mis en évidence par Balassa [1972]. À mesure qu'un pays se développe, la productivité du secteur exposé à la concurrence internationale s'accroît relativement plus que celle du secteur abrité. En second lieu, le développement d'un pays va souvent de pair avec une amélioration de la qualité de sa spécialisation internationale, notamment par une meilleure adaptation de son appareil productif à la structure par produits de la demande mondiale. Cette *compétitivité structurelle* permet d'élever les prix du secteur exposé — et donc d'accroître le taux de change réel — sans pénaliser la croissance et l'équilibre extérieur. Enfin, les pays les plus avancés exercent des *effets de domination*, par exemple en imposant leurs normes de production et de consommation, ce qui est un moyen d'accroître la valorisation de leur production sur le marché mondial. Par ailleurs le statut international des monnaies se modifie avec le niveau de développement. Les monnaies des économies dominantes bénéficient du phénomène d'habitat préféré qui amène une pression à la hausse sur le taux de change.

3. La théorie des zones-cibles

Certains auteurs se sont intéressés à l'évolution des taux de change *à moyen terme* (quelques années) afin de définir des normes de change. La théorie des zones-cibles définie par Williamson en 1983 s'inscrit dans cette perspective. L'économiste américain est également parti du constat que les parités étaient sujettes à d'importants « mésalignements », c'est-à-dire à des déviations importantes et durables par rapport à leur niveau d'équilibre à long terme. Ainsi en 1985, d'après les calculs de Williamson, le dollar enregistre une surévaluation de 39 % tandis que le yen connait une sous-évaluation de 19 %. Les coûts de ces mésalignements sont élevés pour l'économie mondiale : mauvaise allocation des ressources, déséquilibres extérieurs, faux signaux aux marchés, etc. Le projet de Williamson consiste à définir pour chaque monnaie son *taux de change d'équilibre fondamental* (TCEF), défini comme le taux de change réel susceptible de maintenir à moyen terme (au

La mesure des taux de change

La mesure du taux de change soulève d'importants problèmes méthodologiques. En tant que variable économique, le taux de change peut en effet être défini de plusieurs manières :

Le *taux de change nominal bilatéral*, qui assure la conversion d'une unité monétaire en une autre (par exemple 1 dollar = 0,8 euro) est aisément mesurable à moment donné, puisqu'il correspond au cours observé sur le marché.

Lorsque l'on veut étudier l'évolution d'une monnaie par rapport à un ensemble d'autres monnaies, on calcule un taux de change moyen, obtenu par une moyenne pondérée des différents taux de change bilatéraux. C'est ce qu'on appelle le *taux de change effectif*, qui peut être calculé très simplement, par exemple en donnant à chaque monnaie un poids qui correspond à la répartition géographique des échanges du pays considéré. Ainsi, le taux de change effectif du franc était calculé en pondérant chaque monnaie en fonction de sa part dans nos importations et nos exportations : c'est ainsi qu'est calculé le taux de change effectif du graphique de la p 103. Ce type d'indicateur doit cependant être interprété avec prudence car, s'il est adapté à l'étude d'une monnaie en particulier, il ne permet pas de comparer les monnaies entre elles puisque, par construction, chacune est définie sur la base d'une référence qui lui est propre.

Si l'on souhaite comparer valablement l'évolution des monnaies entre elles, il faut prendre un numéraire qui soit unique et indépendant de chacune des monnaies. La méthode la plus fréquente consiste à retenir, comme référence commune, la moyenne pondérée d'un panier donné de monnaies (par exemple les monnaies des pays de l'OCDE), en prenant comme base de pondération l'importance relative du PIB de chaque pays. Des taux de change effectifs élaborés selon des méthodologies trés sophistiquées sont régulièrement publiés, notamment par les organisations internationales (OCDE, FMI...). Enfin, à côté du taux de change nominal, il peut être intéressant de mesurer le taux de change réel, obtenu aprés avoir corrigé les écarts de prix entre pays. Cet indicateur permet de connaître les écarts par rapport à la parité du pouvoir d'achat des monnaies ; il est le plus adapté à l'étude de l'évolution du taux de change à moyen et long terme (cf. p. 72).

cours du cycle économique) l'activité économique au niveau le plus élevé possible, compte tenu des contraintes d'équilibre interne et externe. Puis est déterminée une marge de fluctuation ou *zone-cible* autour du TCEF correspondant à la marge d'erreur d'évaluation de celui-ci. Chaque autorité monétaire a alors la charge d'amener et de maintenir le taux de change réel à l'intérieur de la zone.

La proposition de Williamson a eu un grand retentissement ; elle a certainement influencé les négociations monétaires internationales, notamment à l'occasion des Accords du Louvre en

1987 (voir plus loin, p. 105). Partant de prémisses exactes (les profonds mésalignements des monnaies au début des années 1980), le projet de Williamson a eu le mérite de fournir aux autorités monétaires des points de repères fondés sur une construction théorique ingénieuse. La notion de TCEF est en effet intéressante en ce qu'elle fait référence à deux critères : tout d'abord le TCEF doit réaliser l'équilibre de la balance de base, c'est-à-dire que le déficit ou excédent du compte courant doit être égal au flux de capitaux structurels ou « sous-jacents » ; en second lieu, le TCEF tient compte du niveau désiré d'équilibre interne (notamment l'arbitrage inflation/chômage) ainsi que des changements structurels de l'économie. L'approche de Williamson a les défauts de ses qualités : sa complexité relative en fait un instrument difficile à mettre en œuvre. L'évaluation du TCEF pose un certain nombre de problèmes méthodologiques [Williamson, 1994]. Il faut être en mesure d'évaluer, pour chaque pays, les cibles de production potentielle et le solde courant soutenable, tout en respectant la cohérence mondiale des objectifs nationaux. Williamson propose de calculer les TCEF en simulant des modèles macro-économétriques multinationaux. Toutefois, il est évident que le TCEF ne peut être calculé qu'avec une certaine marge d'erreur, ce qui justifie la définition d'une bande de fluctuation autour du TCEF.

Malgré leurs limites, les travaux menés selon l'approche du TCEF sont très éclairants. Ainsi, le TCEF yen-dollar calculé par la banque Goldman Sachs, représenté sur le graphique II (p. 50), indique que le yen aurait retrouvé en 1998 son niveau d'équilibre face au dollar à la suite de sa forte dépréciation entamée en 1995. De même, d'après les calculs effectués par l'administration économique française [Borowski, Couharde ; 1998], la parité d'équilibre du dollar se situait à 0,82 euro fin 1998, cours qui est voisin de celui enregistré lors du premier mois d'existence de la monnaie européenne (voir le tableau II, p. 13). De telles informations sont évidemment utiles pour la gestion des relations entre les principales monnaies du système monétaire international.

Troisième partie

Les politiques de change

Beaucoup d'analyses tendent à ignorer l'influence des autorités monétaires sur l'évolution des cours de change. Il est vrai que les banques centrales aiment rester discrètes dans leurs interventions sur les marchés. Les parités sont pourtant affectées par les politiques de change d'une manière multiforme. Le contenu des politiques de change est d'abord déterminé par la nature de l'organisation monétaire internationale en vigueur, en particulier les régimes de change (chap. VIII). L'impact des politiques de change est également fonction des instruments manipulés par les autorités monétaires (chap. IX). Le taux de change est une arme de politique économique utilisée par les États au service de leurs intérêts nationaux ; mais cette arme devient plus difficile à manier dans le contexte d'une finance globalisée, ce qui peut amener les États à de nouvelles stratégies, telles que l'unification monétaire (chap. X).

VIII / Quel régime de change ?

Le contenu des politiques de change est conditionné par la nature du régime de change dont on distingue traditionnellement deux types en fonction des objectifs suivis par la banque centrale :

— *Les changes flottants* : la banque centrale n'a pas d'objectif de change, elle laisse fluctuer le cours de sa monnaie au gré de l'offre et de la demande sur le marché.

— *Les changes fixes* : la banque centrale s'engage à maintenir la parité de sa monnaie à un niveau fixe selon des règles préalablement définies.

1. Une typologie des régimes de change

L'expérience historique révèle qu'entre ces deux cas extrêmes de flottement pur et de fixité absolue il existe toute une gamme de régimes reposant sur des arrangements internationaux différents, comme le suggère l'encadré des p. 81-82. Plus précisément, le fonctionnement d'un *régime* de change dépend de la nature du *système* monétaire international (SMI) dans lequel celui-ci s'inscrit. La notion de « système » renvoie aux idées de régulation et d'organisation. Dans la pratique, un SMI fonctionne à partir d'un ensemble d'institutions, de règles et d'accords destinés à organiser les opérations monétaires entre pays. Trois critères permettent de classer d'une manière éclairante les SMI et les régimes de change qui leur sont associés : le degré de rigueur de la règle de change (des changes flottants purs aux changes rigoureusement fixes) ; le degré de mobilité des capitaux (de la mobilité nulle à la mobilité parfaite) ; le degré de sensibilité des objectifs de la politique monétaire aux contraintes extérieures (des politiques autonomes aux politiques communes). Ces trois critères ne sont pas indépendants. Leur combinaison peut être représentée par un triangle équilatéral, appelé *triangle de Mundell* du nom de l'économiste américain qui a formalisé le premier cette analyse. Ce triangle illustre un enseignement incontournable de la théorie monétaire internationale, qui est le *théorème d'impossibilité* suivant : il est impossible de combiner des changes fixes, la mobilité parfaite des capitaux et des politiques monétaires indépendantes.

Le schéma ci-dessous, fondé sur le triangle de Mundell, donne une représentation des différents régimes de change et de leur évolution depuis la Seconde Guerre mondiale. On constate une grande dispersion des régimes de change à l'intérieur du triangle.

TYPOLOGIE DES RÉGIMES DE CHANGE
LE TRIANGLE DE MUNDELL

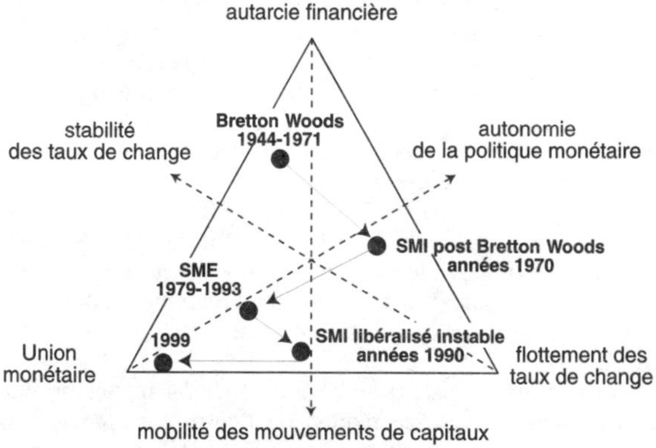

Sources : d'après Banque de France (1998).

Le système de Bretton Woods [1944-1971] se situe au sommet du triangle car ce SMI est fondé sur un régime de changes fixes, avec une obligation des pays de corriger leurs déséquilibres de balances des transactions courantes (forte contrainte extérieure). Par ailleurs, cette période connaît une imparfaite mobilité internationale des capitaux car les marchés financiers internationaux sont peu développés et les pays ont recours au contrôle des changes.

La décennie suivante (1971-1980) est marquée par l'abandon des principes de Bretton Woods. Le centre de gravité du *SMI post-Bretton Woods* se déplace vers le sommet sud-est, correspondant au flottement des monnaies et à une mobilité plus forte des capitaux. On assiste, en effet, à la généralisation du flottement des monnaies à partir de 1973, processus qui va de pair avec une mobilité croissante des mouvements de capitaux et à un affaiblissement des règles d'équilibre extérieur, ce qui est censé donner une plus grande autonomie aux politiques monétaires.

Vient ensuite la période des années 1980, caractérisée par la recherche d'une stabilisation des changes et par une coopération monétaire internationale plus grande de la part des principaux pays industrialisés (accords du Plaza de 1985 et du Louvre de 1987). Au niveau régional européen, le *système monétaire européen* (1979-1993) met en place un régime de changes fixes, avec des marges de fluctuations des parités limitées à +/– 2,25 %, ce qui contraint fortement les politiques monétaires des pays membres. Le centre de gravité du SMI se dirige alors vers le sommet sud-ouest du triangle de Mundell.

Les années 1990 enregistrent un vaste mouvement de libéralisation financière et une instabilité accrue des taux de change. Les pays européens créent le marché unique des capitaux dont la mobilité transfrontière est ainsi facilitée. Le système monétaire européen implose en 1993, sous l'effet des capitaux spéculatifs. Les parités sont autorisées à fluctuer plus librement, à l'intérieur des bandes élargies à +/– 15 %. Les crises de change se multiplient dans le monde, notamment au Mexique (1994), en Asie du Sud-Est (1997), en Russie (1998) et au Brésil (1999).

L'instauration à partir de 1999 de l'Union monétaire européenne (UEM), avec la création de l'euro, correspond à une fixité parfaite et inaliénable des changes. L'UEM se traduit par une perte de souveraineté monétaire des États membres. Cette situation est décrite par le sommet sud-ouest du triangle de Mundell.

Historique des taux de change

1. 1870-1914 : Le temps de l'étalon-or est caractérisé par un système de *changes fixes* car les taux de change variaient très peu autour du pair. Les limites des variations étaient fixées par les *points d'entrée et de sortie d'or* (*gold points*) au-delà desquels se produisaient des transferts d'or, censés exercer des effets autorégulateurs sur la balance des paiements. Il y a eu stabilité des monnaies au temps de l'étalon-or au sens où la parité or des monnaies est restée inchangée du milieu du XIXe siècle aux années 1920. Mais cette stabilité monétaire s'est accompagnée d'une grande instabilité des économies (variation de prix, de la production et de l'emploi). Par ailleurs, la stabilité monétaire a moins résulté de mécanismes automatiques que d'interventions actives des banques centrales dans le cadre d'une domination de la livre sterling.

2. 1914-1945 : L'instabilité monétaire marque l'entre-deux-guerres. La guerre de 1914-1918 et les tensions qui en résultent amènent la rupture du système de l'étalon-or. Les États belligérants décident les cours forcés et l'inconvertibilité en or des monnaies. Il n'y a plus de limites aux variations des taux de change : le cours de la livre passe de 26 francs en 1919 à 122 francs en 1927. Les États réunis à la conférence de Gênes (1922) constatent l'impossibilité d'un retour à l'étalon-or dont l'assouplissement est décidé. La convertibilté limitée en or (*Gold Bullion Standard*) est substituée à la convertibilité totale (*Gold Specie Standard*) : les billets ne sont plus échangés contre des pièces mais seulement contre des lingots. Par ailleurs, les États démunis d'or peuvent couvrir leur monnaie de papier sur les monnaies convertibles en or qui deviennent les monnaies de réserve. Ce nouveau système est le *Gold Exchange Standard*, l'*étalon de change or*.

3. 1945-1971 : Le temps des parités fixes débute au lendemain de la Seconde Guerre mondiale avec la signature des accords de Bretton Woods (B-W) en juillet 1944. Le système monétaire international (SMI) mis en place est un étalon de change or dans lequel le dollar joue le rôle de devise clé, par suite de la position dominante des États-Unis. L'objectif de ce nouveau SMI est triple : restaurer la liberté du commerce international, assurer la stabilité des monnaies et l'équilibre des balances des paiements, promouvoir la croissance et l'emploi. Chaque pays signataire doit déclarer la parité de sa monnaie en or ou en dollars avec la parité de $ 35 pour une once (888,671 mg) d'or fin. La marge de fluctuation autorisée est de +/– 1 % par rapport à la parité déclarée en or ou en dollars, soit +/– 2 % par rapport aux parités exprimées en d'autres monnaies. Le Fonds monétaire international (FMI), dont les statuts sont fixés par les accords de B-W, est l'organe essentiel du nouveau système. Il a pour rôle de veiller au bon fonctionnement du SMI et d'accorder des prêts limités et temporaires aux États membres.

De 1945 à 1960, le SMI demeure stable parce que sa devise clé — le dollar — est forte en raison de sa rareté relative. À partir des années 1960, le fonctionnement du SMI se dégrade progressivement ; la livre sterling et le dollar sont attaqués sur les marchés par la spéculation qui prend de l'ampleur avec le développement des marchés internationaux de capitaux, notamment les euro-dollars. Les réserves en or des États-Unis diminuent de moitié de 1955 à 1970 ; la confiance dans le dollar est ébranlée.

4. Depuis 1971 : Le flottement des monnaies et la recherche d'un nouvel ordre monétaire international

— *1971-1985* : l'*instabilité des monnaies :* la convertibilité en or du dollar est suspendue en août 1971 par le président Nixon. Les pays de la CCE décident de garder des marges de fluctuations étroites entre leurs monnaies qui restent accrochées au dollar : c'est le « serpent dans le tunnel » ; la spéculation et l'instabilité du dollar ont raison de ce dispositif : en mars 1973, les pays de la CEE décident de laisser flotter leurs monnaies contre le dollar. Les accords de la Jamaïque en janvier 1976 consacrent l'effondrement du système de B-W en légalisant le flottement des monnaies. L'instabilité monétaire s'installe : le cours du dollar en mark s'apprécie de 80 % de 1979 à 1985 puis se déprécie de 100 % de 1985 à 1990.

— *Depuis 1985* : la *coopération monétaire internationale* se développe pour atténuer les mouvements désordonnés des changes.

• septembre 1985 : les *accords du Plaza* consacrent le changement d'attitude des États-Unis qui abandonnent leur doctrine du laisser faire (*benign neglect*) en matière de change ; ceux-ci décident de participer à des interventions concertées des banques centrales pour stabiliser les changes.

• mai 1986 : au sommet de Tokyo, les principaux pays industrialisés décident d'entamer une réflexion sur le nouveau SMI. Ils font référence à une meilleure coordination des politiques économiques afin de promouvoir « une croissance globale plus équilibrée ».

• février 1987 : au sommet du Louvre, le « Groupe des 5 » grandes puissances monétaires et le Canada conviennent de coopérer pour stabiliser les cours de change à l'intérieur de « zones-cibles ».

Ces déclarations n'ont pas empêché les changes de continuer à fluctuer amplement.

— *1979-1993* : le *système monétaire européen constitue* la dernière expérience de changes fixes instaurant la stabilité des monnaies à l'intérieur d'une bande de variations autorisées de +/– 2,25 %. Ce système de changes fixes mais ajustables a contribué à la stabilisation monétaire dans l'Union européenne. Le SME a implosé en 1993 car les changes fixes sont incompatibles avec la forte mobilité des capitaux organisée par le marché unique des capitaux créé en 1990.

— À partir de 1999, la mise en place de l'*Union monétaire européenne* rétablit une fixité désormais irréversible des parités intra-européennes. La création de l'euro, susceptible de concurrencer le dollar, pose en des termes renouvelés la question du fonctionnement du SMI.

2. Ni changes flexibles, ni changes fixes...

L'histoire monétaire récente nous enseigne deux leçons : d'une part, les changes flottants sont loin d'avoir les vertus stabilisatrices vantées par leurs défenseurs ; mais d'autre part, les régimes de changes fixes sont devenus impraticables dans le contexte de la finance globalisée.

Les dysfonctionnements des changes flottants

Selon ses défenseurs, notamment les théoriciens de l'école monétariste, le régime de flottement des monnaies a quatre qualités principales :

— Les balances des paiements se rééquilibrent automatiquement. Tout déficit extérieur entraîne une demande excédentaire de devises étrangères, ce qui déprécie la monnaie nationale et améliore la compétitivité ; les exportations sont stimulées, les importations freinées et le solde commercial se rétablit (voir p. 91). Un ajustement symétrique se produit en cas d'excédent extérieur.

— La spéculation est rendue plus difficile qu'en changes fixes car les opérateurs sont dans une plus grande incertitude quant à l'évolution future des taux de change.

— Les politiques économiques deviennent plus autonomes car elles se libèrent de la contrainte de stabilisation du change. La politique monétaire retrouve toute son efficacité pour agir sur l'équilibre interne de l'économie.

— Les banques centrales n'ont plus à détenir des réserves de change coûteuses pour intervenir sur le marché des changes.

La réalité a presque totalement démenti les prévisions des théoriciens des changes flexibles : comme l'ont montré de nombreuses études, les parités se sont durablement écartées de leur niveau d'équilibre et les déséquilibres de balances des paiements ont atteint des niveaux records depuis que les changes flottent. Par ailleurs, la spéculation s'est amplifiée, donnant lieu à des bulles spéculatives que les théoriciens ont bien analysées. Le flottement des changes s'est traduit par une instabilité monétaire et une incertitude accrues, à court et à moyen terme, dont les effets négatifs sur la croissance sont importants. Quant à l'autonomie des politiques économiques, elle n'a guère été constatée, comme l'illustre l'incapacité dans laquelle se sont trouvés la plupart des pays à se protéger contre les hausses des taux d'intérêt initiées aux États-Unis au cours des années 1980.

La raison fondamentale de l'échec du régime de changes flottants tient à la nature de *bien public* de la monnaie, liée au caractère indivisible de la communauté de paiements dont elle est le fondement [Aglietta, 1988]. Il y a donc une incapacité des marchés à gérer seuls l'échange des monnaies entre elles. L'intervention des autorités monétaires et la fixation de règles dans le cadre d'un système monétaire organisé sont une nécessité car les monnaies ne peuvent être ni produites ni échangées entre elles de manière concurrentielle.

Pour toutes ces raisons, les changes ont rarement flotté librement ; les banques centrales, à l'exception de la Federal Reserve américaine, ont toujours cherché à stabiliser les fluctuations de leurs monnaies, avec plus ou moins de réussite. Les régimes de change officiels (*de jure*) recensés par le FMI en 1999 se répartissaient à raison de 31,6 % (des pays déclarants) pour le flottement pur, 23 % pour l'ancrage glissant ou le flottement administré, 39,6 % pour l'ancrage fixe sur une monnaie ou sur un panier de monnaies (tableau VII). Les États-Unis eux-mêmes ont été amnenés à abandonner leur doctrine du *benign neglect* — c'est-à-dire du laissez-faire concernant la parité du dollar — en septembre 1985, à l'occasion de l'accord du Plaza ; les forces du marché avaient alors poussé le dollar à des niveaux dangereusement élevés.

La fin des changes fixes

L'expérience récente enseigne également que les changes fixes ne sont plus un régime de change adapté aux nouvelles caractéristiques de la finance internationale. De ce point de vue, l'implosion en 1993 du SME marque la fin de la dernière expérience de changes fixes ; elle montre que ce régime de change est devenu incompatible avec la forte mobilité des capitaux autorisée par la libéralisation financière [Plihon, 1996]. L'immense potentiel déstabilisateur des mouvements de capitaux spéculatifs, obéissant à une logique d'anticipations autoréalisatrices, rend désormais impossible la défense de parités fixes par les autorités monétaires, comme l'expliquent les modèles récents de crises de change présentés plus haut (p. 68).

3. La quête difficile d'une stabilité des changes

Pour préserver la stabilité monétaire dans un environnement financier rendu instable par l'extrême mobilité des capitaux, les États ont tenté de mettre en place plusieurs types de régime de change plus ou moins contraignants.

Les currency board *ou caisses d'émission*

Les caisses d'émission constituent une solution radicale. Leur principe est le même que celui qui gouvernait l'étalon-or jusqu'à la Première Guerre mondiale, à ceci près qu'une devise forte, généralement le dollar, est substituée à l'or dans le rôle d'étalon. Concrètement, les autorités monétaires s'engagent à gager toute émission monétaire sur les réserves de change dont elles disposent à un taux de change fixe. Pour le citoyen, cela signifie que les liquidités dont il dispose, dépôts à vue inclus, sont convertibles en dollars à tout moment, sans restriction, à un taux absolument fixe. À la fin des années 1990, 14 pays avaient adopté le régime du *currency board* dont les principaux étaient Hong-Kong (1984), l'Argentine (1991), l'Estonie (1992), la Lituanie (1994) et la Bulgarie (1997).

La logique du *currency board* est simple : le pays qui le pratique renonce à toute souveraineté monétaire ; au pouvoir discrétionnaire de la banque centrale est substituée une gestion automatique de l'offre de monnaie dont le niveau dépend du montant des réserves en devises. Le taux de change est irrévocablement fixe et le taux d'intérêt ne peut s'écarter du taux de la monnaie-étalon. Le *currency board* implique l'abandon de toute souveraineté monétaire. Qu'est-ce qui peut pousser un gouvernement à de telles extrémités ? C'est la recherche de deux objectifs liés entre eux : obtenir la confiance des marchés et restaurer la stabilité monétaire. Inutile de dire que les conséquences d'un tel régime sont drastiques. Elles ont entraîné une « dollarisation » des économies concernées, avec l'acceptation d'ajustements économiques extrêmement coûteux sur le plan social en cas de contraction de la masse monétaire. Le coût élevé du *currency board* nuit à sa crédibilité car les pays qui l'appliquent peuvent être suspectés de vouloir l'abandonner tôt ou tard.

Les zones monétaires

La plupart des pays ont cherché à stabiliser leurs monnaies par des régimes de change moins contraignants que les *currency board* : ce sont les *zones monétaires*. Une étude du CEPII [1995] montre que la plupart des monnaies appartiennent, au début des années 1990, à une « zone monétaire de fait », au sens où celles-ci sont « ancrées » (« *peg* » en anglais) sur le dollar et le mark. 30 % des 66 pays étudiés sont ancrés sur le mark (essentiellement les pays européens) et 30 % sont ancrés sur le dollar (le yen n'apparaissant pas comme une monnaie d'ancrage). L'analyse des statistiques de taux de change permet en effet d'établir que, pour un grand nombre de monnaies, la volatilité des parités est nettement plus faible par rapport à l'une de ces deux monnaies que par rapport aux autres monnaies concurrentes ; c'est-à-dire que les autorités monétaires de ces pays cherchent à réduire les variations de leur monnaie par rapport à leur monnaie de référence. Une étude postérieure [Bénassy-Quéré et Cœuré, 2000] portant sur 107 pays confirme que la proportion de monnaies ancrées *de facto* est plus importante que le suggèrent les statistiques officielles (*de jure*) du FMI : comme l'indique le tableau VII, 73,8 % des monnaies faisaient l'objet d'un ancrage *de facto* sur une monnaie ou un panier de monnaies de référence (contre 39,6 % de *jure*) à la fin des années 1990 ; par ailleurs, le flottement pur ne concernait que 4 % des monnaies *de facto*, contre 30 % *de jure*.

Le fait que de nombreux pays aient décidé de participer à une « zone monétaire de fait » répond à deux séries d'objectifs. Il y a, en premier lieu, des préoccupations de nature commerciale. L'appartenance à la zone euro est fonction de l'intensité des échanges commerciaux avec l'Union européenne. En second lieu, il apparaît que le choix de ce régime de change est également souvent dicté par des impératifs de stabilisation macroéconomique. Un taux de change stable permet, en effet, de réduire l'inflation grâce à la stabilité des prix des produits importés et à la contrainte de compétitivité imposée aux producteurs nationaux. En revanche, la stabilisation des taux de change est susceptible d'avoir un coût en terme de croissance économique, comme le suggère l'expérience du système monétaire européen analysée plus loin (p. 101).

Dans les pays où la crédibilité de la banque centrale est faible, l'ancrage externe est un facteur de stabilisation interne. À cet égard, le cas des pays européens en transition vers l'économie de marché (Hongrie, Pologne, Républiques tchèque et slovaque) est révélateur : ces expériences de stabilisation ont largement utilisé leur taux de change comme point d'ancrage des évolutions nominales.

Faut-il renoncer à l'ancrage monétaire ?

Les politiques d'ancrage rigide des monnaies peuvent être dangereuses : un taux de change nominal fixe entraîne une dégradation continuelle de la compétitivité si le taux d'inflation

TABLEAU VII. — LES RÉGIMES DE CHANGE
Répartition en pourcentage

Régimes de change	*De jure* [1]		*De facto* [2]
	1983	*1999*	*1998-1999*
Flottement libre	6,1	31,6	3,7
Ancrage fixe sur une monnaie	35,6	30	59,8
Ancrage sur un panier	27,4	9,6	14,0
Autres	30,9	28,8	22,5
Total	100	10	100

1. D'après les statistiques officielles du FMI.
2. D'après les calculs de Bénassy-Quéré et Cœuré (2000).

domestique demeure supérieur à celui des concurrents. Les autorités doivent donc arbitrer entre les impératifs de stabilisation et les méfaits d'une appréciation réelle de leur monnaie. Cette surévaluation, outre le fait qu'elle défavorise les producteurs nationaux, risque d'entrainer tôt ou tard des attaques spéculatives fatales. C'est précisément la surévaluation des monnaies asiatiques ancrées d'une manière trop rigide sur le dollar, amplifiée par la hausse de la monnaie américaine au milieu des années 1990, qui est à l'origine des graves crises de change subies par les pays émergents d'Asie du Sud-Est en 1997-1998.

À la suite de ces crises, un débat s'est instauré sur le meilleur régime de change, notamment pour les pays émergents [Davanne, 1998]. Certains économistes sont favorables à une flexibilité contrôlée (« *managed float* ») sans ancun ancrage. Cette conception est contestable pour deux raisons : elle fait une confiance excessive à la capacité des marchés à réguler les taux de change ; les pays de taille moyenne, dont l'ouverture extérieure est souvent importante, ont besoin d'un ancrage de leur parité pour assurer leur stabilité monétaire.

Une autre approche apparaît donc préférable, fondée sur un ancrage souple sur un panier de monnaies de référence. *La théorie des zones-cibles* analysée précédemment (p. 74) peut fournir le cadre de telles politiques de change : chaque pays cherche à respecter un objectif de change défini à l'intérieur d'une bande large (+/– 10 %), ce qui est moins contraignant qu'un ancrage strict. La cible visée, qui peut être glissante, correspond à un taux de change d'équilibre de référence pouvant être calculé par rapport à un panier comprenant les trois principales monnaies (dollar, euro et yen). Ces taux de change de référence doivent être définis dans le cadre d'une coopération régionale ou internationale.

IX / Les instruments des politiques de change

Les autorités monétaires nationales disposent de trois catégories d'instruments dont l'importance respective varie beaucoup en fonction des époques et du contexte : 1) la réglementation des changes, 2) les modifications de parité et 3) les interventions des banques centrales sur les marchés.

1. Réglementation des changes et convertibilité des monnaies

Il existe une grande diversité de situations dans le monde quant à l'importance et à la nature du contrôle des changes. Tous les pays ont connu, à un moment donné de leur histoire, un dispositif réglementaire destiné à limiter les opérations susceptibles d'entraîner des pressions sur le cours de leur monnaie.

La convertibilité des monnaies

L'un des aspects essentiels des réglementations des changes concerne la convertibilité des monnaies. Une monnaie est convertible lorsque son détenteur peut l'échanger librement et sans limites contre toute autre monnaie. La convertibilité repose sur une double obligation de la part du pays émetteur de la monnaie : la banque centrale de chaque pays doit, d'une part, racheter sa propre monnaie à la demande de ses partenaires, et d'autre part, garantir la *libre circulation* de sa monnaie sur les marchés.

Ce n'est qu'à partir de 1958 que les principaux pays européens à économie de marché ont commencé à pratiquer la convertibilité externe de leur monnaie. Dans les pays en développement dont les monnaies sont souvent fragiles et les paiements extérieurs déséquilibrés, la convertibilité est limitée par des mesures administratives. Certaines de ces restrictions aboutissent à une *segmentation du marché des changes*, accompagnée d'une pluralité de taux de change suivant la nature des biens échangés dont le but est de décourager certaines importations (biens de luxe) ou de favoriser d'autres importations (biens de première nécessité).

Parmi les pays africains, ceux qui appartiennent à la *zone franc* ont un régime de convertibilité monétaire qui leur a généralement permis de respecter la contrainte extérieure en restant ouverts sur le reste du monde [Lelart, 1997]. Les autres pays africains ont souvent imposé des restrictions rendant leurs monnaies pratiquement inconvertibles, ce qui a entraîné le développement de *marchés parallèles*, des marchés « libres » fonctionnant parallèlement aux marchés réglementés.

Dans les pays d'Europe centrale et orientale (PECO), le processus de transition vers l'économie de marché engagé au cours des années 1990 implique l'ouverture aux marchés mondiaux dont l'une des conditions essentielles est l'instauration d'une plus grande convertibilité externe et la libéralisation du contrôle des changes. Les premières mesures de libéralisation des échanges ont été prises par la Pologne au début de 1990 : la convertibilité partielle du zloty a été décidée et le taux de change était stabilisé sans qu'il ait été nécessaire de recourir au Fonds de stabilisation d'un milliard de dollars constitué par les pays occidentaux.

Le processus de déréglementation des changes

La réglementation des changes a été pratiquement levée dans les pays industrialisés à économie de marché au milieu des années 1980. Les pays de l'Union européenne ont aboli leurs barrières réglementaires avec la création du « marché unique » des capitaux en 1990. En France, le contrôle des changes a été assoupli à partir de 1986, pour aboutir à une libéralisation complète en 1989. Parmi l'imposante panoplie de restrictions qui ont été levées, un premier groupe de mesures était destiné à limiter l'ampleur du termaillage en limitant les possibilités d'achat à terme de devises par les importateurs et en obligeant les exportateurs à rapatrier et à céder rapidement contre franc leurs recettes en devises. Une deuxième catégorie de mesures avait pour objectif de limiter la capacité des non-résidents à spéculer contre le franc : c'est en particulier l'interdiction faite aux banques de prêter des francs aux non-résidents, qui était un moyen de limiter le développement du marché de l'euro-franc, réservoir potentiel de spéculation.

Il faut noter que la libéralisation des opérations financières internationales n'implique pas l'absence totale de règles. On assiste, au contraire, à un processus de re-réglementation, avec la mise en place de nouvelles règles qui diffèrent des sytèmes de contrôle antérieurs sur deux points. Il s'agit, en premier lieu, de *règles prudentielles* proposées notamment aux banques afin de les inciter à se protéger contre les risques de taux d'intérêt et de change (voir p. 20). Par ailleurs, ces règles sont désormais souvent communes aux pays industriels, étant décidées conjointement par les autorités monétaires nationales dans le cadre d'accords de surveillance multilatérale.

Deuxième remarque : l'expérience des pays industrialisés suggère que le processus de libéralisation monétaire doit être *graduel*. On peut penser que les crises financières graves essuyées par les pays émergents (Mexique en 1994, pays d'Asie du Sud-Est en 1997, Russie en 1998, Brésil en 1999) ne sont pas sans rapport avec la brutalité de la libéralisation financière opérée dans ces pays. Il est désormais admis que libéralisation implique l'existence préalable d'un système bancaire et financier solide [Wyplosz, 1998].

Il convient d'ailleurs de souligner que les statuts du FMI (article 8), qui définissent les obligations des pays membres, renvoient à une notion de libéralisation partielle, dans la mesure où elle demande aux États d'éliminer les entraves aux paiements ayant trait aux seules transactions courantes. Les pays en voie de développement et émergents ne sont donc pas tenus de libéraliser totalement les opérations financières enregistrées dans leur balance des capitaux. Plusieurs pays, notamment le Chili et la Colombie, ont ainsi introduit de fortes restrictions à l'entrées de capitaux, sous forme de réserves obligatoires sur les dépôts en dollars dans les banques. Il est reconnu que ces mesures, couplées à des politiques économiques rigoureuses, ont protégé efficacement ces pays contre l'instabilité liée à la crise mexicaine, dite « tequila », de 1994-1995 [Budnevich et Le Fort, 1997].

2. Les modifications de parités

Les modifications de parités sont une arme de politique économique dont l'objectif premier est d'agir sur l'équilibre de la balance des paiements. Les modifications de parités sont qualifiées de dévaluations (ou de réévaluations) en régimes de changes fixes ou assimilés, et de dépréciation (ou appréciation) en changes flottants. Un pays recourt généralement à la dévaluation (ou dépréciation) de sa monnaie pour améliorer la compétitivité-prix de ses entreprises et redresser son solde commercial. Un exemple permettra d'illustrer ce résultat : prenons le cas du marché de la machine-outil entre le Royaume-Uni et la France et supposons que le taux de change soit de 2 euros pour 1 £. On admet par ailleurs que les entreprises fixent leurs prix dans leur monnaie nationale, ce qui est conforme à l'usage commercial. Les autorités monétaires britanniques décident de laisser la livre se déprécier de 10 % pour essayer de rétablir l'équilibre des échanges extérieurs : le taux de change passe à 2,2 euros pour 1 £. Une machine-outil fabriquée en Grande-Bretagne qui valait initialement 1 million de livres, soit 2 millions d'euros, ne coûte plus que 1,8 million d'euros pour un importateur français après la dépréciation ; car le prix de la machine-outil britannique est resté constant en livres, mais a baissé de 10 % en euros.

Symétriquement, la même machine-outil fabriquée en France qui coûtait 2 millions d'euros, soit 1 million de livres, vaut 2,2 millions de livres en Grande-Bretagne à la suite de la dépréciation de la livre. Résultat : les machines-outils britanniques deviennent plus compétitives sur les marchés français et britannique. La balance commerciale du Royaume-Uni s'améliore car les exportations britanniques vers la France sont stimulées tandis que les importations britanniques venant d'outre-Manche sont freinées.

Les effets d'une dévaluation (ou dépréciation)

Les dévaluations produisent ainsi deux types d'effets : elles agissent d'abord sur les *prix* des importations et des exportations, puis sur les *volumes* (les quantités) importés et exportés. Dans la réalité, la dynamique des dévaluations résulte du jeu de ces deux types d'effets et de leur décalage dans le temps. Elle s'ordonne autour de trois phases :

— *À court terme* (moins d'un an), une dépréciation commence par aggraver le déficit commercial car le prix des importations exprimé en monnaie nationale augmente rapidement, tandis que le prix des exportations reste constant. Il y a une dégradation des *termes de l'échange*, définis comme le rapport : prix des exportations/prix des importations.

— *À court-moyen terme* (entre un et quatre ans), la dévaluation a des effets favorables sur la balance commerciale car les échanges en volume bénéficient progressivement des gains de compétitivité : le pays importe moins de biens étrangers, devenus plus coûteux, et accroît ses exportations dont les prix exprimés en monnaies étrangères ont baissé.

— *À moyen-long terme*, les effets de la dévaluation s'atténuent progressivement, le bénéfice initial de compétitivité étant rogné par la propagation de l'inflation importée à la suite de la hausse des prix des importations.

Les deux premières phases définissent ce qu'on appelle « *la courbe en J* », qui décrit la trajectoire du solde commercial à la suite d'une dévaluation, marquée par une dégradation suivie d'une amélioration. En cas de réévaluation d'une monnaie : les effets sont en principe symétriques ; on a un processus inversé dit de « *courbe en crosse* ».

DYNAMIQUE DE LA DÉVALUATION : LA COURBE EN J

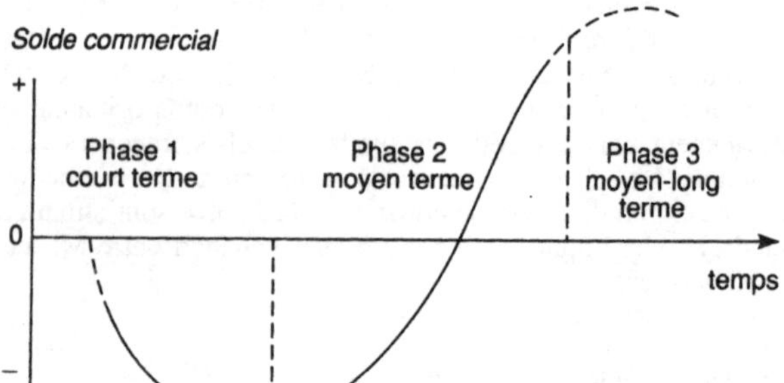

La théorie économique a défini les conditions à satisfaire pour que les effets défavorables d'une dévaluation, qui se manifestent dans la première phase de la courbe en J, soient moins importants que les effets favorables sur les quantités échangées. C'est le « théorème des élasticités critiques » de

Marshall-Lerner qui s'exprime ainsi : *une dévaluation concourt au rétablissement de la balance commerciale lorsque la somme des élasticités des volumes importés et exportés par rapport au taux de change est supérieure à l'unité.* Ce théorème célèbre signifie simplement que la réussite d'une dévaluation implique que l'amélioration des échanges en volume soit plus que proportionnelle au renchérissement des importations, libellées en devises.

Les dévaluations sont-elles encore efficaces ?

La plupart des pays semblent satisfaire les conditions de Marshall-Lerner (M.-L.). En fait, on s'est aperçu que les conditions de M.-L. peuvent être assouplies lorsque les comportements de fixation de prix sont pris en compte : ce théorème suppose, en effet, que le prix des importations augmente mécaniquement à proportion de la dévaluation. Or dans la réalité, les producteurs étrangers sont conduits à baisser leurs prix dans leur monnaie pour limiter la hausse des tarifs exprimés en monnaie locale. Les entreprises ont ainsi un *comportement de marge* qui les amènent à moduler leurs prix en fonction de l'état de la concurrence sur les marchés. L'économétrie suggère qu'une baisse de 1 % du taux de change augmente les prix des importations de 0,66 % (au lieu de 1 %, selon M.-L.) et, pour des raisons symétriques, celui des exportations de 0,33 % (au lieu de 0 %). On montre que, dans ces conditions, une dévaluation est bénéfique si la somme des élasticités-prix des volumes est supérieure à 1/3, et non à 1.

Pourtant les bienfaits des dévaluations ont été récemment remis en cause. Les dévaluations peuvent avoir, en effet, un coût important par suite de l'*inflation importée* qu'elles génèrent. D'après les modèles économétriques, une dépréciation de 10 % se traduit par une hausse des prix à la consommation de 3 % à 4 % au bout de deux ans. Si les salaires sont fortement indexés sur les prix, une spirale prix-salaire risque de s'enclencher qui détruit rapidement les gains de compétitivité induits par la dévaluation. C'est seulement dans le cas où l'indexation des salaires sur les prix est partielle qu'une dévaluation peut avoir des effets bénéfiques durables. Une dévaluation réussie a donc nécessairement un impact dépressif sur le pouvoir d'achat des salaires.

Par ailleurs, et c'est une des limites du théorème des élasticités critiques qui ne s'intéresse qu'aux effets-prix sur la *demande*, une dévaluation n'est efficace que s'il existe des *capacités d'offre* disponibles rentables et adaptées à la demande. L'échec des dévaluations du franc en 1981 et 1982 provient largement de ce que cette condition n'était pas remplie : l'industrie française n'a pas été capable alors de produire les chaines hi-fi et les magnétoscopes que les consommateurs demandaient.

La situation des paiements extérieurs des États-Unis a également conduit à mettre en doute l'efficacité d'une baisse du taux de change pour résorber un déficit extérieur important. Le taux de change effectif du dollar s'est, en effet, déprécié de plus de 40 % de 1985 à 1990, ce qui n'a pas empêché le déficit commercial américain de rester à un haut niveau (2,2 % du PIB en 1988-1990). Cette insensibilité du solde extérieur au taux de change a été expliquée par *l'effet d'hystérésie* [Krugman, 1989]. La forte appréciation du dollar au début des années 1980 a dégradé la compétitivité des entreprises américaines et a ouvert le marché américain à des concurrents étrangers (Japon notamment) dans des industries à rendements croissants. Le retour du dollar à son niveau réel antérieur à l'appréciation n'a pas permis d'évincer les nouveaux fournisseurs étrangers dont les coûts sont très bas.

D'une manière plus générale, on sait que les conditions de Marshall-Lerner ne sont pas suffisantes lorsqu'il s'agit de rétablir une balance commerciale fortement déficitaire. En ce cas, en effet, l'impact négatif du renchérissement s'applique à des importations qui sont au départ beaucoup plus importantes que les exportations. L'effet défavorable d'une dévaluation sur les termes de l'échange (1re phase de la courbe en J) peut alors l'emporter sur les effets positifs. Ce résultat a d'importantes implications pour la politique économique, notamment dans le cas des pays en développement dont les échanges extérieurs sont souvent très déficitaires : si un pays prévoit de dévaluer sa monnaie, il doit le faire avant que la dégradation de sa balance commerciale ne soit trop importante.

Les politiques dévaluationnistes ont été soumises à une critique encore plus radicale [Morin, 1987], fondée sur les effets défavorables que celles-ci exerceraient sur la qualité de la spécialisation internationale : compter sur une parité faible, ce serait favoriser le développement des productions les plus sensibles à la concurrence par les prix qui sont, en général, les moins « créatrices de valeur ajoutée ». Comme les effets bénéfiques des dévaluations disparaissent progressivement, le risque est grand de se trouver pris dans un *cercle vicieux* de dévaluations successives et éphémères. Cette conception n'est pas très éloignée de celle qui inspire la politique de change menée en France depuis la création du SME, comme on le verra plus loin.

Dernière remarque : les analyses précédentes ne portent que sur la balance commerciale et ne prennent pas en compte l'impact d'une dévaluation sur la balance des capitaux. Or, la dévalorisation d'une monnaie aggrave la charge de la dette extérieure lorsque cette dette est libellée en monnaie étrangère, ce qui est le cas de la plupart des pays. Par exemple, pour tous les pays dont la dette extérieure est en dollars, toute dépréciation de 10 % des monnaies locales par rapport au dollar entraîne un renchérissement de 10 % de la charge des intérêts et des remboursements de chaque dollar emprunté. Donc l'impact bénéfique d'une dépréciation sur la balance commerciale risque d'être, au moins en partie, annihilé par ces effets défavorables sur la balance des capitaux.

3. Les interventions publiques sur les marchés

Actuellement, dans la plupart des pays, les banques centrales — garantes de la stabilité monétaire — surveillent et régularisent les cours de change. Lorsqu'elles cherchent à influencer l'évolution des cours de change, les autorités monétaires interviennent — souvent conjointement — sur le marché des changes et sur le marché monétaire.

La majeure partie des interventions des banques centrales sur le marché des changes ont lieu au comptant. Leur principe est simple : elles consistent à acheter ou à vendre des devises afin d'agir sur l'équilibre du marché.

Les interventions stérilisées

Outre leur action sur l'équilibre du marché des changes, les interventions au comptant affectent directement la liquidité de l'économie, les taux d'intérêt, et par voie de conséquence le taux de change à terme. Supposons que la Banque centrale européenne (BCE) rachète de l'euro et cède de la devise sur le marché pour soutenir celui-ci et éviter qu'il se déprécie ; la liquidité en euro est réduite, ce qui entraîne une hausse relative des taux d'intérêt sur cette monnaie. À l'inverse, un achat de devise contre euro entraîne un accroissement des liquidités dans la monnaie européenne et une baisse du taux d'intérêt à court terme sur l'euro. Ces effets secondaires sur les marchés monétaires peuvent être désirés. Dans le cas contraire, la banque centrale cherche à les neutraliser en pratiquant ce qu'on appelle des *interventions stérilisées*, c'est-à-dire des interventions n'affectant pas le niveau des taux d'intérêt et des agrégats monétaires. Les interventions stérilisées ont pour objet de permettre aux banques centrales de dissocier, au moins temporairement, leurs objectifs d'équilibre interne et externe, ceux-ci pouvant être contradictoires à certains moments.

Parmi les principales techniques de stérilisation des interventions sur le marché des changes, les *swaps* avec les banques commerciales sont les plus couramment utilisés par les banques centrales. Il est probable que la Banque centrale européenne (BCE) poursuivra cette politique. Par exemple, lorsque la BCE vend de l'euro au comptant contre dollar, elle peut procéder simultanément à des *swaps emprunteurs d'euro* (prêts de dollar et emprunts d'euro) avec des banques commerciales sur les places européennes. Il en résulte une diminution de la liquidité euro et un accroissement de la liquidité dollar qui compensent l'impact initial de l'intervention au comptant de la BCE.

La manipulation des taux d'intérêt

Parallèlement à leurs interventions sur le marché des changes, les banques centrales peuvent être amenées à agir sur les taux d'intérêt pour atteindre leur objectif de change. Dans certaines circonstances, la manipulation des taux d'intérêt est une nécessité. Ainsi, dans les années 1970, les autorités monétaires helvétiques ont dû imposer des taux d'intérêt négatifs sur les dépôts des non-résidents pour dissuader ceux-ci de se porter sur le franc suisse dont l'appréciation continuelle avait des effets économiques dépressifs. Inversement, pour les monnaies faibles, les autorités monétaires doivent généralement pratiquer une politique de taux d'intérêt nominaux élevés afin de compenser le risque de dépréciation future de leurs monnaies : c'est ce qu'enseigne la parité non couverte des taux d'intérêt (cf. p. 37).

Lorsqu'elles ont un objectif de stabilité de leurs parités, les banques centrales sont amenées à mener des politiques actives de taux d'intérêt qui sont devenues un complément indispensable des interventions sur le marché des changes. Le fonctionnement du système monétaire européen (SME), avant 1999, a montré que l'objectif de stabilité des changes est très contraignant pour la politique monétaire dans le contexte de la finance libéralisée. Ce constat est illustré par le *triangle d'incompatibilité*, mentionné p. 79, selon lequel il ne peut y avoir simultanément autonomie de la politique monétaire, fixité des taux de change et mobilité des capitaux.

Les interventions publiques sont-elles efficaces ?

Les interventions publiques sur les marchés influencent le processus de détermination des taux de change par deux canaux principaux. Tout d'abord, les interventions agissent directement sur les conditions de l'équilibre entre l'offre et la demande sur le marché des changes. Cette action se produit à travers des *effets de portefeuille* : les variations des taux de change et des taux d'intérêt induites par les interventions publiques amènent, en effet, les investisseurs privés à modifier la composition par devises de leurs portefeuilles, ce qui affecte les taux de change [Dominguez et Frankel, 1993].

En second lieu, les interventions permettent aux autorités monétaires d'envoyer des signaux aux opérateurs sur les marchés : c'est l'*effet « d'annonce »* (« *signalling effect* ») qui fonctionne ainsi : les taux de change reflètent souvent les anticipations concernant les politiques macroéconomiques futures. Comme les autorités monétaires disposent d'informations sur la politique future, elles peuvent donner de façon crédible des indications sur cette dernière par l'intermédiaire de leurs interventions. Les interventions « stérilisées » peuvent être considérées comme un bon système d'annonce car, dans la mesure où les signaux sont stérilisés, ils peuvent être émis rapidement sans affecter l'économie réelle [Frenkel et Goldstein, 1990].

La question de l'efficacité des interventions publiques a fait l'objet d'un vaste débat [Cartapanis, 1996]. Au début des années 1980, au moment où les autorités monétaires furent impuissantes à enrayer la hausse du dollar, la thèse dominante était celle de l'inefficacité des interventions publiques. La récurrence des crises de change au cours des années 1990 pose à nouveau la question de l'efficacité des interventions publiques sur les marchés. Il apparaît que les autorités monétaires ne peuvent guère s'opposer à des mouvements de capitaux spéculatifs tels que ceux qui ont conduit à l'implosion du SME en 1992-1993. Le portefeuille global géré par les fonds d'investissement, principaux acteurs sur les marchés internationaux, était estimé par la Banque des Règlements Internationaux à

21 000 milliards de dollars en 1997, dont 10 % était détenu en titres étrangers. Ces masses financières susceptibles de se déplacer à l'échelle internationale sont largement supérieures aux réserves de change détenues par les banques centrales, estimées globalement à environ 1 750 milliards de dollars en 1999 (tableau VIII). Selon les analyses théoriques des crises récentes (voir p. 68), l'inefficacité des interventions publiques en période de crise serait liée au caractère autoréalisateur de la spéculation déclenchée par une perte de crédibilité des autorités monétaires. Pour résumer, il apparaît que l'effet direct des interventions publiques — le premier canal mentionné ci-dessus — ne peut guère être puissant.

TABLEAU VIII. — RÉSERVES OFFICIELLES DE CHANGE

Année 1999	*Milliards de $*	%
Pays industriels	705	40,4
Asie	642	36,8
Amérique latine	125	7,2
Europe orientale	74	4,2
Autres pays	200	11,4
Total	1 746	100
En dollars	1 359	77,8

Source : Banque des Règlements Internationaux.

En revanche, même lorsqu'elles sont relativement faibles, les interventions des banques centrales peuvent influencer les anticipations et l'opinion du marché (effet d'annonce), à condition que le moment en soit stratégiquement choisi et qu'elles soient habilement menées. Étudiant l'efficacité des interventions publiques en 1985-1987, Obstfeld [1988] conclut ainsi que deux conditions doivent être réunies : les signaux doivent être clairs, ce qui implique notamment qu'ils soient accompagnés de mesures de politique monétaire et/ou budgétaire montrant la détermination des autorités monétaires ; en second lieu, les interventions doivent être concertées entre pays afin d'avoir un impact maximum sur les anticipations du marché. Les progrès réalisés dans le domaine de la concertation internationale au sein du G7, notamment à la suite des accords du Plaza (1985) et du Louvre (1987), avaient alors favorisé l'équilibre du marché. L'affaiblissement de la coopération internationale dans les années 1990 n'est peut-être pas étranger à la montée de l'instabilité des changes.

X / Les stratégies nationales de change

Même si leur contrôle par les autorités monétaires est devenu de plus en plus difficile, les taux de change restent une *arme de politique économique*. Ils peuvent, en effet, contribuer efficacement à atteindre les principaux objectifs de politique économique et, au-delà, à asseoir la puissance économique et financière des États nationaux. Toutefois, la gestion actuelle des relations monétaires internationales implique une coopération plus poussée entre États et peut conduire, dans certains cas, à un dépassement des nationalismes monétaires.

1. Les taux de change : une arme de politique économique

Les politiques de change sont une composante importante des politiques économiques nationales. Ainsi que l'illustre l'histoire économique récente, ces politiques peuvent jouer un rôle essentiel dans la mise en œuvre des politiques de stabilisation macroéconomique et, à plus long terme, des politiques industrielles et financières des États.

Taux de change et stabilisation macroéconomique : le cas du SME

Le taux de change est un des canaux de transmission principaux de la politique monétaire. L'évolution du taux de change influe directement sur le rythme de l'inflation. Ainsi une appréciation du change se traduit par de la « désinflation importée » : la hausse de la parité induit mécaniquement une baisse des prix des biens importés et, par le jeu de la boucle

Le modèle « Mundell-Fleming » L'impact des régimes de change sur les politiques économiques

Élaborée dans les années 1960, cette approche a eu le mérite de fournir un cadre d'analyse cohérent et simple pour étudier des économies ouvertes. L'une de ses conclusions principales est que l'efficacité des politiques macroéconomiques dépend de deux facteurs principaux : le régime de change, et la mobilité internationale des capitaux. Supposons une mobilité parfaite des capitaux, ce qui correspond largement à la situation actuelle de l'économie mondiale, à l'issue du processus de globalisation financière. On a alors les résultats suivants :

— *En régime de changes fixes : la politique budgétaire est plus efficace que la politique monétaire.* En effet, une politique budgétaire expansionniste entraîne une hausse du taux d'intérêt domestique suite à l'émission supplémentaire de titres publics qui en résulte. Les capitaux étrangers sont attirés par la hausse du taux d'intérêt, ce qui induit de la création monétaire. En effet, la Banque centrale doit intervenir pour empêcher l'appréciation du change ; elle augmente ses réserves de change et crée de la monnaie nationale à cette occasion. Cette création monétaire réduit la hausse initiale des taux d'intérêt, ce qui est favorable à la croissance économique. À l'inverse, une politique monétaire expansionniste se serait traduite par une baisse du taux d'intérêt, ce qui aurait entraîné des sorties de capitaux et une diminution de la masse monétaire, avec des effets restrictifs sur la croissance.

— *En régime de changes flottants : la politique monétaire est plus efficace que la politique budgétaire.* Une politique budgétaire expansionniste se traduit, en effet, par une appréciation du change induite par la hausse du taux d'intérêt, ce qui est défavorable à la croissance économique. À l'inverse, une politique monétaire expansionniste amène une baisse du taux d'intérêt et une dépréciation du change qui favorise la croissance en pesant sur les importations et en stimulant les exportations.

Les mêmes résultats sur l'efficacité relative des politiques monétaire et budgétaire sont obtenus dans le contexte de politiques restrictives.

Ce modèle a eu beaucoup de succès mais il a d'importantes limites car il ignore de nombreux aspects de l'équilibre économique, notamment l'influence des variations de change sur les prix et les salaires, ainsi que le rôle des anticipations et des effets de richesse.

prix-salaires, une baisse de l'inflation dans l'économie. L'effet est d'autant plus fort que les importations représentent une part significative du PIB. Comme on l'a vu plus plus haut, à propos des *zones monétaires* (cf. p. 85), l'efficacité des politiques de change a été renforcée dans les pays qui ont pratiqué des stratégies d'ancrage de leurs monnaies, en permettant à ces derniers d'importer la discipline anti-inflationniste du pays-ancre.

L'expérience la plus patente à ce sujet est celle du système monétaire européen (SME). En créant le SME, en mars 1979, les pays européens se sont alignés, plus ou moins rapidement, sur le modèle allemand, donnant désormais la priorité à la stabilité monétaire. De ce point de vue, le bilan du SME est positif. Les rythmes d'inflation ont convergé et se sont réduits : l'inflation moyenne des pays membres est passée de 11,2 % à moins de 2 % de 1980 à 1999, ce qui est un ralentissement plus marqué que dans les autres pays industriels de l'OCDE. Par ailleurs, le SME s'est traduit par une moindre volatilité des taux de change. Mais cette stabilisation monétaire est relative car on a assisté à un report de volatilité des taux de change vers les taux d'intérêt qui ont joué le rôle de variable d'ajustement [Plihon, 1996].

TABLEAU IX. — UNION EUROPÉENNE ET OCDE
PERFORMANCES ÉCONOMIQUES COMPARÉES

	Inflation (a)		*Croissance* (b)		*Taux de chômage* (c)	
Taux moyens en %	*1981-90*	*1991-99*	*1981-90*	*1991-99*	*1981-90*	*1991-99*
Union européenne	6,9	3,1	2,4	1,8	9,2	9,9
Total de l'OCDE	7,8	4,5	3,0	2,5	7,1	7,1

Source : OCDE.

(a) Taux de croissance annuels moyens des prix de la consommation privée ; (b) Taux de croissance annuels moyens du PIB en volume ; (c) Taux moyens de chômage.

Le succès du SME dans le domaine de la stabilité monétaire a eu un coût en termes de croissance et d'emploi : le tableau IX montre, en effet, que le taux de croissance moyen du PIB des pays de l'Union européenne a été plus faible que dans l'ensemble des pays industrialisés de l'OCDE. Il en est résulté que le taux de chômage moyen a été sensiblement plus élevé dans l'espace européen que dans la zone OCDE.

Le cercle vertueux de la monnaie forte

La thèse du cercle vertueux de l'appréciation du change, que le débat économique a opposée à la dynamique favorable de la dévaluation compétitive, a exercé une grande influence. Celle-ci a, en effet, servi de fondement à la politique dite de « désinflation compétitive » menée en France depuis la fin des années 1970. Cette approche suppose qu'un taux de change fort :

— favorise la désinflation importée, ce qui réduit le risque de politiques économiques restrictives destinées à lutter contre l'inflation ;

— améliore les termes de l'échange et le solde commercial à court terme ;

— accroît les profits des entreprises grâce au moindre coût des inputs importés ; ces deux derniers effets favorables n'ont lieu que si la dégradation de la compétitivité-prix a un effet limité sur les parts de marché des entreprises.

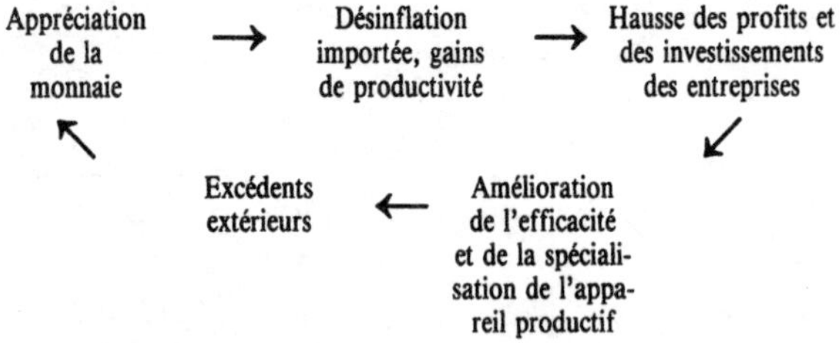

Tous ces facteurs créent un contexte stimulant pour les investissements. Sensibles à l'amélioration de leurs profits, soucieuses de préserver leurs parts de marché, les entreprises investissent et rationalisent leur production pour dégager des gains de productivité et redéployer leur activité vers les productions moins sensibles aux effets monétaires. Les entreprises cherchent à améliorer leur *compétitivité structurelle*, fondée sur des facteurs autres que les prix (voir plus loin).

Selon cette analyse, l'appréciation du change, qui accroît la pression concurrentielle sur les entreprises en réduisant leur compétitivité-prix, a deux effets positifs. D'une part, elle pousse les entreprises à améliorer leur efficacité : Krugman [1986] montre que la forte hausse du taux de change réel enregistrée par les États-Unis et le Royaume-Uni au début des années 1980 est allée de pair avec une accélération de la croissance de la productivité dans ces deux pays. En second lieu, la spécialisation de l'appareil productif s'améliore en se

Le franc était-il surévalué au moment de la création de l'euro ?

Les ajustements de la monnaie nationale ne seront plus possibles avec la création d'une monnaie européenne unique. Il est donc intéressant de s'interroger sur la position concurrentielle de l'économie française au moment où celle-ci est rentrée dans l'Union monétaire européenne.

Un premier indicateur de la compétitivité française est son taux de change effectif réel, c'est-à-dire son taux de change par rapport aux principales monnaies, déflaté par les prix relatifs entre la France et ses concurrents. On constate sur le graphique que la courbe du taux de change est pratiquement restée au même niveau de 1986 à 1997. Cela suggère que la compétitivité-prix de l'économie française serait restée stable, les variations du change compensant celles des prix relatifs entre la France et l'étranger.

SOLDE DES PAIEMENTS COURANTS ET COMPÉTITIVITÉ DE LA FRANCE
(données annuelles)

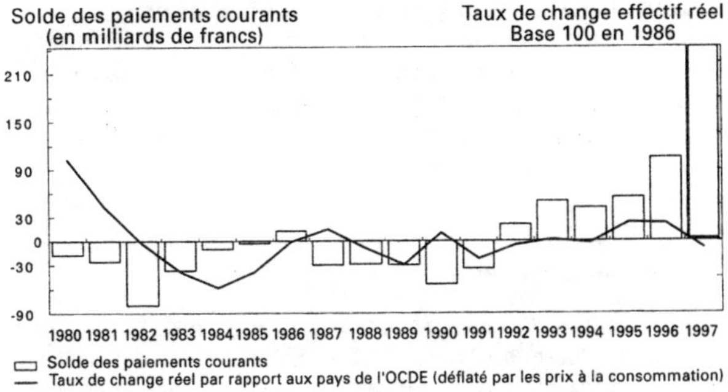

Source : Banque de France [1998].

Quant à la balance des transactions courantes de la France, elle affiche des excédents croissants à partir de 1992, avec un solde supérieur à 230 milliards de francs en 1997, après avoir été déficitaire, ou en équilibre, sur la période antérieure. Cette évolution favorable provient en grande partie de l'amélioration du solde des produits manufacturés, qui est passé d'un déficit de 59 milliards de francs en 1990 à un excédent de 80 milliards en 1997.

Ces progrès rapides et durables résultent, en premier lieu, d'une croissance de la demande adressée à la France supérieure à celle de la demande intérieure. Cet écart provient lui-même principalement du fait que la croissance structurelle de la France est désormais moins forte que celle de ses principaux partenaires, les pays émergents d'Asie notamment. Mais les déterminants traditionnels, demande et compétitivité-prix, ne suffisent pas à comprendre complètement l'évolution du solde extérieur français. Ainsi que le suggèrent les nouveaux développements de la théorie du commerce international [Rainelli 1997], des facteurs relevant de la compétitivité hors-prix ou structurelle comme la qualité des produits, leur image, la diversité des produits offerts ont aussi joué un rôle. C'est ce que confirment des études sectorielles, des estimations économétriques [INSEE, 1996] et des enquêtes réalisées auprès des industriels. Ainsi, selon des enquêtes réalisées par la Chambre de commerce et d'industrie de Paris, les produits français se situaient en 1996 à la deuxième place, derrière les produits allemands, pour leur rapport qualité-prix et leur image.

Cette analyse suggère plusieurs conclusions : l'économie française semble bénéficier d'une position concurrentielle plutôt favorable à la fin des années 1990 à en juger par ses forts excédents extérieurs. La relative stabilité de la compétitivité-prix constatée depuis une dizaine d'années suggère que le taux de change du franc était proche de son niveau d'équilibre. Toutefois, la compétivité hors-prix semble jouer un rôle désormais important dans les performances extérieures de l'économie française. Cela signifie que la perte du taux de change du franc comme variable d'ajustement, avec la création de l'euro, ne devrait pas avoir un coût trop important.

redéployant vers les secteurs à haute technologie, bénéficiant d'une demande forte et peu sensible au facteur prix.

Il faut remarquer toutefois, pour terminer, que la désinflation compétitive est une stratégie non-coopérative de concurrence monétaire entre les pays qui la pratiquent. En tant que telle, cette politique est sous-optimale car elle a des effets externes négatifs sur les pays concurrents.

Le change au service de l'industrie et de la finance : les cas de l'Allemagne et du Japon

La politique de change n'est pas utilisée uniquement pour agir sur les déséquilibres macroéconomiques ; c'est aussi un instrument de politique industrielle et financière. Les expériences de l'Allemagne et du Japon sont exemplaires à cet égard. Pour asseoir leur puissance industrielle, ces deux pays se sont, en effet, appuyés sur des politiques de change efficaces et qui présentent certaines similitudes.

Ainsi, la Banque centrale allemande a-t-elle mené une politique de sous-évaluation systématique de sa monnaie, opérant des dévaluations successives, pendant les années 1949-1965. Il est bien connu aujourd'hui que les bases industrielles du « miracle allemand » ont été jetées pendant cette période [Demotes-Mainard, 1989]. Puis, reconstruite et modernisée, l'économie ouest-allemande a, dans un second temps, appliqué une stratégie de monnaie forte. Depuis le milieu des années 1960, le taux de change effectif du mark s'est apprécié de plus de 3 % par an en moyenne ; parallèlement, l'Allemagne a connu des excédents extérieurs quasi permanents et l'un des rythmes d'inflation les plus bas. En revanche, sa croissance économique a été en moyenne plus faible que dans l'ensemble des pays de l'OCDE.

L'exemple du Japon illustre également l'idée selon laquelle une stratégie de monnaie faible est d'une efficacité redoutable pour développer une industrie puissante. De la fin des années 1960 au milieu des années 1980, les responsables japonais ont pratiqué une politique systématique de *sous-évaluation du yen* dans le but de stimuler les exportations et de protéger le marché intérieur contre la concurrence étrangère [Sautter, 1987]. C'est ainsi que la compétitivité-prix des entreprises japonaises, mesurée par les prix relatifs à l'exportation corrigés de l'évolution du yen, s'améliore de plus de 15 points de 1970 à 1985.

Mais le Japon a été amené à changer de stratégie sous la pression des États-Unis. Le déficit américain vis-à-vis du Japon — qui a atteint 55 milliards de dollars en 1986 — devenait insupportable. Les accords Oba-Sprinkel, rendus publics en mai 1984, fixent les étapes de la déréglementation financière du Japon destinée à libérer la formation de la parité yen/dollar. Comme on peut le constater sur le graphique 2 (cf. p. 50), le yen s'est effectivement fortement apprécié contre dollar (+ 100 % de 1985 à 1995) mais l'excédent japonais a continué de croître, culminant à 132 milliards de dollars en 1993. C'est qu'en fait la revalorisation du yen favorise désormais la montée en puissance industrielle et financière du Japon. L'industrie nipponne est entrée dans une nouvelle phase : une part importante des gains extérieurs sont réalisés sur des produits à haute technologie et à forte valeur ajoutée. La nouvelle spécialisation industrielle du Japon, fondée sur des avantages hors-coûts importants, est devenue cohérente avec une logique de monnaie forte.

L'appréciation du yen a également contribué à accroître le poids financier du Japon. Celle-ci a notamment permis aux banques et aux entreprises nipponnes d'asseoir leur stratégie extérieure sur une base financière revalorisée : les actifs étrangers apparaissent bon marché et les investisseurs japonais jouent un rôle important sur les marchés internationaux, notamment aux États-Unis.

Bien entendu, la montée de la puissance industrielle et financière du Japon ne peut être totalement expliquée par l'efficacité de la politique de change. Cette dernière s'intègre dans une stratégie globale mise en œuvre de façon systématique depuis la guerre et qui repose sur un effort de productivité industrielle sans précédent. La stratégie de change du Japon, comme celle de l'Allemagne, s'est déroulée en deux étapes. Dans un premier temps, jusqu'au milieu des années 1980, le Japon a accumulé des avantages-coûts grâce à la sous-évaluation du yen, ce qui lui a permis de bâtir une industrie puissante, source d'excédents extérieurs structurels. Ensuite, à partir du milieu des années 1980, les autorités nipponnes laissent le yen s'apprécier fortement. Il en résulte une dégradation des avantages-coûts qui est compensée par la construction d'avantages hors-coûts rapidement croissants. La crise financière et économique traversée par le Japon depuis le milieu des années 1990, qui a entraîné une dépréciation de plus de 35 % du yen contre dollar de 1995 à 1998, ne remet pas en cause la position dominante acquise par le Japon.

Compétitivité hors-coûts et spécialisation internationale

La compétitivité hors-coûts, fondement de la puissance industrielle actuelle de l'Allemagne et du Japon, renvoie à un ensemble complexe de facteurs qui permettent à un pays d'améliorer ses performances extérieures sans recourir, ni à un freinage de sa demande intérieure, ni à des presssions sur les coûts, ni à des dépréciations du taux de change [Couharde et Mazier, 1998]. Parmi les facteurs les plus couramment avancés, on trouve la différenciation des produits selon une logique horizontale par accroissement de la diversité des produits, ou selon une logique verticale en jouant sur la qualité, le développement de réseaux de coopération entre partenaires industriels, commerciaux et financiers, ou encore la mobilisation d'infrastructures publiques et privées en matière de communication, recherche et formation. Le développement d'avantages hors-coûts au Japon peut être rapproché de ses efforts soutenus en matière d'investissement, de recherche et d'éducation. De même, les avantages hors-coûts allemands trouvent leurs fondements dans la structuration de l'industrie en grands pôles de compétitivité autour de la mécanique, des moyens de transport et de la chimie.

L'un des enseignements des expériences allemande et japonaise est, sans doute, que des stratégies de change différentes doivent accompagner le processus d'industrialisation d'un pays, en fonction des étapes de son développement. Ainsi, il n'est pas sûr que des politiques de monnaie forte, favorables aux pays industrialisés, soient adaptées à des pays en voie d'industrialisation.

2. Vers un dépassement des nationalismes monétaires ?

Dans le passé, les stratégies de change menées par les principaux protagonistes du système monétaire international (SMI) — États-Unis, Japon, Allemagne — ont été fondées sur des conceptions nationalistes : le change a été un moyen de rechercher une plus grande autonomie des politiques économiques, de protéger les marchés intérieurs ou de prendre des parts de marché aux pays concurrents. Mais comme l'enseigne le triangle des impossibilités de Mundell (voir p. 79), la combinaison de politiques économiques indépendantes avec une forte mobilité des capitaux conduit à une situation d'instabilité monétaire internationale. C'est ainsi que l'on a assisté, au cours de la dernière décennie, à des crises de change graves et récurrentes : crise du SME en 1993, crise du peso mexicain en 1994, crise des monnaies asiatiques en 1997, crise du rouble russe en 1998, crise du real brésilien en 1999.

Il convient de distinguer deux formes d'instabilité dont les effets sont différents. Il y a, d'un côté, la *volatilité des changes* à court terme, liée aux tensions passagères sur le marché des changes. Celle-ci ne constitue pas un obstacle au développement des échanges internationaux, dans la mesure où elle peut fait l'objet d'une couverture efficace, notamment grâce aux marchés à terme et de produits dérivés (voir plus haut). Mais il existe, en second lieu, des variations durables et importantes des taux de change réels, qualifiées de *mésalignements* dans la littérature depuis les travaux de Williamson (voir p. 74). Cette instabilité de longue période, dont un exemple est fourni par la bulle sur le dollar dans la première moitié des années 1980, provoque des distorsions néfastes dans l'allocation internationale des ressources. Si l'on raisonne à partir du triangle de Mundell, il y aurait deux moyens principaux de lutter contre l'instabilité des taux de change : réduire la mobilité du capital ou renoncer à l'autonomie des politiques

Faut-il taxer les opérations de change ?

La déréglementation et les innovations financières ont amplifié le processus de substitution entre monnaies, ce qui a accru l'instabilité des taux de change. Certains économistes, et non des moindres, tels Tobin et Dornbusch, qu'on ne peut suspecter de dirigisme, ont proposé d'atténuer les effets de la libéralisation des changes par un mécanisme de taxation. L'idée est d'instituer une taxe sur les opérations de change, de manière à freiner le passage d'une monnaie à l'autre et, pour reprendre l'expression de Tobin, de « jeter du sable dans les rouages trop bien huilés » des marchés monétaires et financiers internationaux. La taxe doit être faible, de manière à ne pénaliser que les opérations purement spéculatives de va-et-vient à très court terme entre les monnaies.

Supposons, par exemple, qu'une taxe de 0,1 % soit prélevée sur toute opération de change et que l'horizon du spéculateur soit mensuel. Comme chaque transaction destinée à obtenir un gain de change implique un aller et retour entre deux monnaies (soit deux opérations de change), il faudrait alors un écart de rendement anticipé supérieur à 0,2 % à un mois, soit environ 2,4 % entre les rendements annuels des titres libellés en deux monnaies différentes pour que l'arbitrage soit avantageux. Si l'horizon de la spéculation est d'une journée, cet écart devient 61,5 % en taux annuel, sur la base de 240 jours ouvrables par an. Dans un tel environnement fiscal, la plupart des arbitrages spéculatifs à court terme seraient découragés, alors que les opérations à plus long terme (un an et plus) seraient moins défavorisées.

La taxation des opérations de change pourrait jouer un double rôle. D'une part, freiner la mobilité des capitaux et réduire l'instabilité monétaire internationale. D'autre part, constituer un mécanisme de financement qui pourrait servir à assainir la situation financière internationale. Avec un volume d'opérations sur le marché des changes de 1 600 milliards de dollars par jour ouvrable, soit environ 380,9 trillions de dollars par an, une taxe de 0,1 % procurerait 230 milliards de dollars l'an. Ces ressources pourraient être affectées à un fonds de développement au profit des pays du Sud et de l'Est.

La taxe Tobin peut apparaître utopique dans le contexte actuel. Ses détracteurs font valoir que celle-ci serait contournée et ne serait efficace que si elle était adoptée par l'ensemble de la communauté financière internationale. Ces objections doivent être relativisées. Le propre de toute taxe est de faire l'objet d'une évasion fiscale. Faut-il renoncer aux impôts pour autant ? En fait, l'application de cette mesure symbolique, qui ne suffirait d'ailleurs pas à enrayer l'instabilité monétaire internationale, est avant tout une question de volonté politique de la part des États. D'autant que les opérations de change se concentrent sur un nombre limité de places financières. Un complément à la taxe Tobin pourrait prendre la forme de mesures de contrôle des entrées de capitaux, telles que celles pratiquées par le Chili et la Colombie (cf. p. 90).

économiques. Des propositions ont été faites pour réduire la mobilité des capitaux : c'est la taxe de Tobin (voir ci-dessus) qui permettrait de « jeter des grains de sable » dans les rouages de la finance internationale. Mais, si elle était appliquée, cette mesure s'attaquerait plus à la volatilité des taux de change qu'aux « mésalignements », qui sont la forme d'instabilité la plus dangereuse.

Reste alors la deuxième voie pour enrayer l'instabilité des changes qui est d'amener les pays à renoncer, au moins en partie, à l'autonomie de leurs politiques économiques afin de coordonner celles-ci.

Coopération monétaire internationale et gestion concertée des changes

Les accords de Bretton Woods, qui ont apporté la stabilité des changes au lendemain de la Seconde Guerre mondiale, étaient fondés sur trois piliers : une mobilité des capitaux tempérée par le contrôle des changes ; l'application de règles strictes (fixité des changes, équilibre des balances des paiements) et la domination du dollar permettant un ancrage des monnaies, selon le principe de la « stabilité hégémonique » énoncé par Kindleberger.

Tous les pays participant à cet ordre monétaire, à l'exception des États-Unis, avaient accepté de renoncer à une partie de leur autonomie en matière de politique économique.

La fin du régime de Bretton Woods et la montée de l'instabilité des changes au début des années 1970 correspondent à l'effondrement de ces trois piliers : la règle des changes fixes est abandonnée, la libéralisation financière autorise une forte mobilité des capitaux et facilite le financement des déséquilibres de balances des paiements. Enfin le dollar, contesté et détaché de l'or, perd son rôle d'ancre du système monétaire international. Le dollar est resté, et de loin, la principale monnaie de paiement international. Mais son rôle de devise clé est contesté car plusieurs monnaies nationales jouent désormais un rôle international conjoint. La configuration actuelle est tripolaire ; deux monnaies — l'euro et le yen — sont en mesure de concurrencer le dollar.

Dans ce contexte, le principe de la « stabilité hégémonique » ne peut plus fonctionner. La stabilisation des changes ne peut être fondée que sur une coopération entre les principales puissances monétaires. Dans les faits, il n'y a eu de coopération active qu'au milieu des années 1980, au moment où le dollar se trouvait au sommet d'une bulle spéculative qui risquait d'éclater et de provoquer une grave crise de change. C'est dans cette situation que l'*accord du Plaza* est signé en septembre 1985 à New York par les ministres des Finances et les gouverneurs de banques centrales des cinq principaux pays industriels (G5). On assiste à un revirement de la part des États-Unis qui acceptent, pour la première fois, de participer activement à des interventions concertées sur le marché des changes afin de provoquer une baisse graduelle du dollar. Puis, lors du *sommet de Tokyo*, en mai 1986, il est décidé qu'une *surveillance multilatérale* renforcée sera exercée entre les membres du G7 et que celle-ci reposera sur des indicateurs objectifs (balances des paiements, croissance, inflation, etc.). *L'accord du Louvre*, à Paris en février 1987, a pour objectif d'enrayer, cette fois, la baisse du dollar. La coopération fait un pas de plus en introduisant la notion de *zones-cibles* inspirée de la proposition présentée par Williamson en 1983 (voir p. 74). Il s'agissait de fixer une grille de taux de change entre les principales monnaies, les parités ciblées étant entourées par une bande de fluctuation autorisée de 5 % à 10 %. Les modifications substantielles subies par les taux de change par la suite montrent que les zones-cibles n'ont guère été respectées.

Depuis ces trois sommets qui ont constitué le point d'orgue de la coopération monétaire internationale, une coopération minimale et pragmatique s'est instaurée sur la base de trois principes essentiels [Papadia, 1994] :
— tenter d'apporter un remède efficace aux situations extrêmes sur le marché des changes ; à défaut d'un réglage fin des dysfonctionnements, organiser l'intervention d'un « pompier », ce qui fût le rôle du FMI lors des crises du peso mexicain (1994), des monnaies asiatiques (1997), du rouble russe (1998) et du real brésilien (1999) ;
— ne pas mettre en danger la liberté des échanges et si possible augmenter celle-ci ;
— susciter des politiques de stabilité macroéconomique chez les grands pays industrialisés.

Ces principes apparaissent insuffisants, comme en témoignent la gravité et la persistance des crises de change qui ont frappé successivement toutes les régions du monde au cours des années 1990. Il existe un écart critique entre la puissance des forces engendrées par la globalisation des systèmes, dans les domaines financier et commercial, et la faiblesse des moyens mis en œuvre pour la coopération internationale.

L'Union monétaire européenne : peut-on se passer des taux de change ?

En instaurant une union monétaire à partir de 1999, les pays européens ont opté pour la solution la plus radicale. Car la création d'une monnaie unique permet d'éliminer d'une manière complète et irréversible les fluctuations des parités entre les onze pays membres de l'Union. Mais cette solution a un coût élevé puisqu'elle implique l'abandon des souverainetés monétaires nationales au profit d'unc banque centrale européenne unique.

Il existe une abondante littérature sur les coûts et les bénéfices de l'UEM. L'essentiel de la recherche dans ce domaine a été guidé par la *théorie des zones monétaires optimales*. L'idée sous-jacente est qu'un groupe de pays a intérêt à former une union monétaire si les économies réalisées avec la suppression des coûts de transactions liées aux taux de change sont supérieures aux coûts d'ajustement entraînés par l'abandon du taux de change et d'une politique monétaire nationale. Les coûts d'ajustement sont une fonction décroissante du degré de convergence des différentes économies. Les travaux récents apparaissent plutôt favorables à l'UEM (voir l'encadré, p. 111).

Quels mécanismes d'ajustement autres que les changes ?

L'autre question posée par la monnaie unique est de savoir par quels mécanismes les pays de l'UEM vont s'ajuster entre eux, en l'absence de taux de change. Trois canaux d'ajustement pourront, en principe, se substituer aux taux de change. Tout d'abord, la politique budgétaire peut jouer un rôle stabilisateur important, en l'absence de politiques monétaires nationales ; ce point est illustré par le cas des États-Unis où le budget fédéral atténue une partie importante des disparités entre États par des transferts automatiques [Eichengreen, 1990]. En second lieu, il reste toujours possible de rétablir la compétitivité d'un pays en jouant sur ses prix et ses salaires. On peut toutefois s'interroger sur l'efficacité de ces mécanismes dans le cas de l'UEM. En effet, les contraintes imposées par le Pacte de stabilité budgétaire limiteront fortement le rôle stabilisateur des finances publiques. Par ailleurs, les études empiriques s'accordent à souligner la rigidité des prix et des salaires dans les pays de l'Union européenne.

L'Europe est-elle une zone monétaire optimale ?

La théorie des zones monétaires optimales a été développée dans les années 1960 pour déterminer à quelles conditions des pays ont intérêt à opter pour un régime de changes fixes entre eux. Mundell [1961] met en avant la mobilité des facteurs de production (travail et capital) comme premier critère pour se passer des ajustements de change face des chocs asymétriques entre pays. Pour McKinnon [1963], la condition essentielle est l'ouverture extérieure des économies. Plus une économie est ouverte, plus ses prix domestiques sont perturbés par les fluctuations de sa parité, plus elle a intérêt à rechercher la fixité des changes. Krugman [1989] reprend ce critère en faisant valoir que les avantages d'une union monétaire, c'est-à-dire de l'absence de taux de change, sont une fonction croissante de l'intensité des échanges commerciaux entre pays. Kenen [1969] considère que le choix du régime de change dépend du *degré de diversification de la production*. Lorsque celui-ci est important, les pays peuvent se passer des variations de change car ils sont en mesure de s'ajuster à un choc par un redéploiement de leur structure de production.

Les premiers travaux empiriques ont généralement conclu que l'Europe n'était pas une zone monétaire optimale car la mobilité des facteurs y est faible comparée à celle de l'union monétaire américaine [Eichengreen, 1990]. Les analyses récentes donnent des résultats plus nuancés : les chocs subis par les principales économies de la zone euro tendent à devenir symétriques [Boone, 1997] ; une explication est que l'intégration européenne (marché et monnaie uniques) s'est traduite par une homogénéisation des structures productives et par un renforcement du commerce intrabranche (échanges croisés de produits similaires) [Fontagné, 1998]. Toutefois, ces évolutions favorables concernent surtout les pays du nord de l'Union européenne ; cette dernière ne serait donc pas, dans son intégralité, une zone monétaire optimale.

En troisième lieu, l'ajustement pourra passer par les financements externes. Les contraintes de balances des paiements disparaîtront dans les relations intra-européennes puisqu'il n'y aura plus de taux de change à défendre ; la contrainte extérieure ne subsistera plus qu'au niveau global de la zone euro : c'est l'un des grands avantages potentiels de la monnaie unique européenne. Les agents privés ou publics de la zone euro pourront désormais s'endetter sur les marchés internationaux dans leur propre monnaie. Car l'euro devrait concurrencer le dollar, tant pour les échanges commerciaux que pour les transactions financières internationales.

L'impact de l'euro sur le SMI

L'instauration de l'UEM en 1999 est un événement d'une grande portée pour l'avenir du SMI et de la coopération monétaire internationale. En effet, comme le montre le tableau X, la zone euro constitue un vaste ensemble économique, composé de 11 pays au départ, dont le poids sera voisin de celui des États-Unis et supérieur à celui du Japon.

TABLEAU X. — LE POIDS DE L'UNION ÉCONOMIQUE ET MONÉTAIRE

	Population (a)	*PIB* (b)	*Capitalisation boursière* (b)	*Réserves* (c)	*Ouverture extérieure* (d)
Europe des 11	291	6 458	4 223	257,1	15,9
États-Unis	270	8 230	13 451	60,5	12,1
Japon	126	3 783	2 496	286,9	11,1

Source : Banque mondiale, données portant sur l'année 1998.

(a) Millions d'habitants ; (b) et (c) Milliards de dollars ; (c) Réserves officielles moins l'or en 1999 ; (d) Exportations de biens et services en % du PIB.

Il est difficile de prévoir quel sera l'impact de l'euro sur le SMI car celui-ci ne se fera sentir que progressivement. Le poids initial du dollar reste écrasant dans les transactions privées et publiques (cf. les tableaux IV et VIII). Mais il est certain que l'existence de l'euro amènera un rééquilibrage des relations monétaires internationales dont le caractère tripolaire se renforcera. L'euro est appelé à jouer un rôle international important. Toutefois, il existe une incertitude sur le rythme auquel se produira le processus d'internationalisation de la monnaie européenne car cela mettra en jeu des forces de sens contraire [Bénassy-Quéré et *al.*, 1998]. D'un côté, le fait que l'euro soit géré par une banque centrale unique, indépendante et dont l'objectif prioritaire est la stabilité monétaire, devrait en faire une monnaie sûre susceptible d'attirer massivement les investisseurs internationaux. D'un autre côté, il n'est pas certain que l'euro prenne rapidement une poids comparable à celui du dollar car l'ascension de la monnaie européenne pourrait se heurter à d'importantes forces d'inertie. Le dollar continuera de bénéficier du fait que les coûts de transaction liés à l'usage d'une monnaie sont d'autant moins élevés que celle-ci est plus utilisée. Les opérateurs internationaux garderont également une préférence pour le dollar car les marchés financiers américains sont plus développés que les marchés européens, ainsi que le suggèrent les niveaux relatifs de la capitalisation boursière dans ces deux espaces financiers concurrents sur le tableau X.

On peut toutefois s'attendre à ce que l'émergence de l'euro ait d'importantes conséquences sur l'évolution des taux de change et sur les modalités de la coopération monétaire internationale. Au départ, la parité euro/dollar pourrait se montrer instable par suite des réallocations internationales des portefeuilles suscitées par la création de l'euro, mais aussi du fait que l'incertitude qui concernera le fonctionnement de l'UEM rendra les opérateurs très sensibles aux moindres rumeurs et déclarations des autorités. Contrairement à la plupart des prévisions, l'euro a fortement baissé contre dollar après sa création en 1999. Cette évolution a plusieurs causes : incertitude sur le fonctionnement de l'UEM et sur la politique de la Banque centrale européenne, plus grand dynamisme de l'économie américaine, taux d'intérêt du dollar plus élevés, ce qui a entraîné d'importantes sorties de capitaux de la zone euro vers les États-Unis. Début 2001, la parité euro-dollar se rapproche des niveaux atteints par la parité DM-dollar au moment de la bulle sur le dollar des années 1980 (graphique 3). Toutefois, si l'on en croit les estimations faites quant au taux de change d'équilibre de l'euro, la monnaie européenne serait largement sous-évaluée début 2001. À plus long terme, l'évolution de la parité euro/dollar dépendra de la nature de la coopération qui s'instaurera entre les deux côtés de l'Atlantique. Deux scenarii contrastés peuvent être imaginés. Dans le premier cas de figure, les deux principales puissances monétaires appliquent une stratégie réciproque de *benign neglect* telle qu'elle a été suivie par les États-Unis dans le passé. Les autorités européennes pourraient être incitées à adopter cette attitude car la diminution du taux d'ouverture extérieure de l'UEM, par rapport à la situation antérieure, rendra celle-ci moins sensible aux fluctuations du taux de change. Une telle configuration irait de pair avec une forte instabilité des taux de change qui seraient livrés aux seules forces du marché. Un deuxième scénario, plus coopératif, peut être envisagé. Constatant les méfaits de l'instabilité des changes, les autorités américaines et européennes décident de gérer conjointement leurs taux de change. L'incitation à coopérer provient de ce qu'étant de taille comparable aucun des partenaires n'est en mesure de s'imposer à l'autre. Toutefois, l'organisation de cette coopération monétaire

GRAPHIQUE 3. — LA PARITÉ EURO-DOLLAR :
TAUX DE CHANGE DU MARCHÉ ET D'ÉQUILIBRE

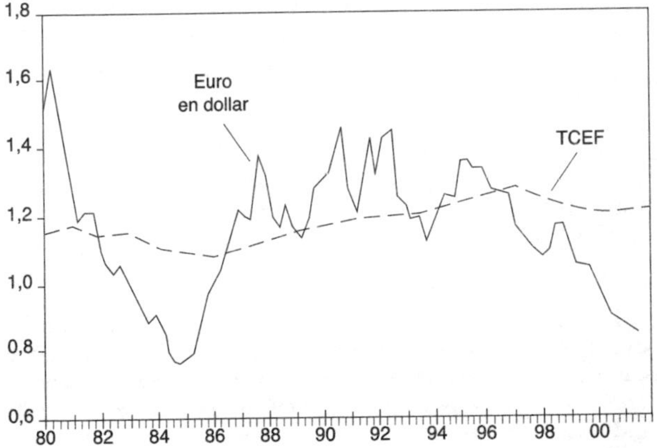

Source : Goldman Sachs.

Légende : TCEF : taux de change d'équilibre fondamental calculé par Goldman Sachs. Avant 1999, taux de change de l'euro « virtuel » calculé à partir des monnaies de la zone euro.

internationale pourrait se heurter à un obstacle lié au fonctionnement interne de l'UEM. En effet, en l'absence d'un pouvoir politique unifié, la capacité de négociation et de décision des représentants de l'UEM risque d'être faible dans les différentes instances internationales en charge de la coopération — G7, FMI, Banque des Règlements Internationaux. Il n'est pas sûr que les pays européens parlent d'une même voix en ce qui concerne la coordination des politiques budgétaires puisque l'UEM n'aura pas de politique budgétaire commune, chaque État membre gardant sa souveraineté dans ce domaine. Or l'expérience récente montre que les tensions entre les principales monnaies, ainsi que les déséquilibres de balances des paiements, ont souvent pour origine un défaut de coordination entre les politiques économiques.

Au total, il apparaît que la création de l'UEM constitue à la fois une chance mais aussi une source d'incertitude pour l'avenir de la coopération monétaire internationale.

Conclusion

Les trois dernières décennies du XXe siècle ont été riches en événements quant à l'évolution des taux de change, ce qui a suscité de nombreuses analyses dont on a tenté de proposer une synthèse. Deux constats principaux peuvent être dressés qui suggèrent que les prochaines années pourraient être le théâtre de nouveaux développements dans le domaine des changes.

Les taux de change apparaissent aujourd'hui comme la partie émergée d'un iceberg ; car ils sont le reflet de relations d'interdépendance et de domination complexes entre les économies nationales. L'analyse en termes de concurrence des monnaies et d'équilibre sur les marchés, qui a eu son heure de gloire, a finalement un pouvoir explicatif limité. Les approches fondées sur la dynamique globale du système monétaire international et sur le rôle de bien public des monnaies fournissent un cadre d'analyse plus satisfaisant. Mais aucune théorie actuelle n'est en mesure de prévoir l'évolution des changes, à court terme du moins ; les théories courent après les taux de change et ne parviennent pas à bien anticiper leur évolution. Toutefois, les économistes explorent actuellement des pistes nouvelles et prometteuses, à l'aide d'instruments théoriques et statistiques nouveaux, prenant en compte les lois de distribution particulières des parités.

Deuxième constat : les taux de change sont apparus comme une variable économique stratégique et hautement symbolique pour les États nationaux. Mais le volontarisme des gouvernements a des limites dans ce domaine : la valeur d'une monnaie ne se décrète pas ; elle est avant tout le reflet de la hiérarchie des nations, liée à leur puissance économique et financière : la valeur future de l'euro, qui suscite de nombreuses interrogations, dépendra avant tout du dynamisme et de la cohésion de l'Union européenne en tant que fédération de nations. Par ailleurs, on est forcé de constater que les États sont de plus en plus démunis face à la puissance des marchés, en mesure de déstabiliser les monnaies à tout moment. On peut se demander, dès lors, si l'interdépendance croissante des économies nationales et régionales ne va pas amener progressivement les États à modifier leurs politiques de change : à une conception nationaliste et isolationniste, qui a prévalu avec le flottement des monnaies, pourrait succéder une approche davantage fondée sur la coopération internationale. À cet égard, la création de l'euro, dans la mesure où elle modifiera les équilibres entre les principales puissances monétaires, pourrait créer un choc salutaire au moment où les crises de change récurrentes, sur l'ensemble de la planète, commandent une révision profonde de l'architecture du système monétaire international.

Repères bibliographiques

I / Le marché des changes

BANQUE DE FRANCE [1998], « L'activité des marchés de change et de produits dérivés de change de gré à gré sur la place de Paris », n° 59, novembre.

BANQUE DES RÈGLEMENTS INTERNATIONAUX, Rapports annuels.

PEYRARD J. [1995], *Le Marché des changes, Opérations et couvertures, Gestion internationale*, Vuibert.

II / Les théories du change

ARTUS P. [1988], « Efficience et cloisonnement du marché des changes et des marchés financiers en France (1970-1986) », *Cahiers économiques et monétaires*, n° 31, Banque de France, Paris.

ARTUS P. [1994], « Pourquoi y a-t-il des attaques spéculatives contre le franc ? », *Revue d'Économie politique*, vol. 104.

ARTUS P. [1997], *Économie des taux de change*, Economica, « Économie Poche ».

BAILLIE R. et MCMAHON P. [1990], *The Foreign Exchange Market, Theory and Econometric Evidence*, Cambridge University Press.

BALASSA B. [1972], « The Purchasing Theory Doctrine : a Reappraisal », *Journal of Political Economy*, décembre.

BLANCHARD O., WATSON M. [1984], « Bulles, anticipations rationnelles et marchés financiers », *Annales de l'INSEE*, n° 54, Paris.

BOROWSKI D. et COUHARDE C. [1998], « Parité euro-dollar et ajustements macroéconomiques : Que révèle une analyse en termes de taux de change d'équilibre ? », *Revue d'Économie financière*, vol. 49, septembre.

BOUTILLIER M. [1992], « Critique du processus de diffusion en finance : le cas des taux de change », *Journal de la Société statistique de Paris*, vol. 133.

BRANSON W. [1975], « Stocks and Flows in International Monetary Analysis », dans *International Aspects of Stabilization Policies*, ANDO et *al.* (ed.), Federal Bank of Boston.

CARTAPANIS A. [1996], « L'hétérogénéité des anticipations dans les modèles de change », *Économie appliquée*, t. XLIX, n° 3.

CASSEL G. [1916], « The Present Situation of the Foreign Exchanges », *The Economic Journal*, mars.

CEPII [1995], « Que sait-on des taux de change d'équilibre à long terme ? », *La Lettre du CEPII*, n° 136, juin.

DAVANNE O. [1990], « La dynamique des taux de change », Économie et Statistique, n° 236, octobre.

DE GRAUWE P., DEWACHTER H., EMBRECHTS M. [1993], *Exchange Rate Theory, Chaotic Models of Foreign Exchange Models*, Blackwell.

DORNBUSH R. [1976], « Expectations and Exchange Rate Dynamics », *Journal of Political Economy*, vol. 84.

FAMA E. [1960], « Efficient Capital Markets : A Review of Theory and Empirical Work », *Journal of Finance*, vol. 25.

FLEMING M. [1962], « Domestic Financial Policies under Fixed and under Floating Exchange Rtes », *IMF Staff Papers*, November.

FRANKEL J. [1984], « Testing of Monetary and Portfolio Balance Model of Exchange Rate Determination », dans *Exchange Rate Theory and Practice*, J. BILSON et R. MARSTON (eds), University of Chicago Press.

FRANKEL J., FROOT K. [1987], « Using Survey Data to Test Standard Propositions Regarding Exchange Rate Expectations », *American Economic Review*, mars.

FRANKEL J. [1989], *Quantifying International Capital Movements in the 1980's*, NBER.

FRANKEL J. et ROSE A. [1996], « Currency Crashes in Emerging Markets : an Empirical Treatment », *Journal of International Economics*, vol. 41

FRENKEL J. [1976], « A Monetary Approach to Exchange Rates : Doctrinal Aspects and Empirical Evidence », *Scandinavian Journal of Economics*, n° 2.

GILBERT M., KRAVIS I. [1954], *An International Comparison of National Products and the Purchasing Power of Currencies*, OCDE.

GIOVANNINI A., JORION P. [1989], « The Time Variation of Risk and Return in the Foreign Exchange and Stock Markets », *Journal of Science*, vol. 44.

JEANNE O. [1996], « Les modèles de crise de change : un essai de synthèse en relation avec la crise du franc de 1992-1993 », *Économie et Prévision*, n° 123-124.

JOHNSON H. [1977], « The Monetary Approach to the Balance of Payments : a Non-Technical Guide », *Journal of International Economics*, n° 7.

KOURI P. [1976], « Balance of Payments and the Foreign Exchange Market : a Dynamic Equilibrium Model », *Cowles Foundation Discussion Paper*, n° 510.

KRUGMAN P. [1979], « A Model of Balance of Payments Crisis », *Journal of Money, Credit and Banking*, vol. 11.

KRUGMAN P. [1986], *Is the Strong Dollar Sustainable in the U.S. Dollar Developments Outlook and Policy Options ?*, Federal Reserve of Kansas City.

KRUGMAN P. [1998], « What happened to Asia ? », *Internet Site*, janvier.

LAFAY G. [1984], « Pour des taux de change de référence », *Économie prospective internationale*, La Documentation française, 1er trimestre.

MAC DONALD R. [1995], « Long Run Exchange Rate Modeling : A Survey of the Recent Evidence », *Working Papers du FMI*, n° 14, 1995.

MCKINNON R. [1969], « Portfolio Balance and International Payments Adjustments », *in Monetary Problems of the International Economy*, R. MUDELL, A. SWOBODA (eds), University of Chicago Press.

MCKINNON R. [1982], « Currency Substitution and Instability in the World Dollar Market », *American Economic Review*, juin.

MEESE R., ROGOFF K. [1983], « Empirical Exchange Rate Models of the Seventies : Do they Fit out of Sample ? », *Journal of International Economics*, n° 14.

MELITZ J. [1983], « How Much Simplification is Wise in Modelling

Exchange Rates ? », *In Exchange Rates in Multicountry Econometric Models*, P. GRAUWE, T. PETERS (eds), St. Martins Press, New York.

MILES M. [1978], « Currency Substitutionn Flexible Exchange Rates and Monetary Independance », *American Economic Review*, juin.

MUNDELL R. [1960], « The Monetary Dynamics of International Adjustment under Fixed and Flexible Exchange Rates », *Quarterly Journal of Economics*, vol. 74.

OBSTFELD M. [1986], « Rational and Self-Fullfilling Balance of Payments Crises », *American Economic Review*, vol. 76.

OBTSFELD M. [1994], « The Logic of Currency Crises », *Banque de France, Cahiers Économiques et Monétaires*, vol. 43.

OFFICER L. [1976], « The Purchasing Power Parity Theory of Exchange Rates : a Review Article », *IMF Staff Papers*, n° 23, mars.

ORLÉAN A. [1989], « Comportements mimétiques et diversité des opinions sur les marchés financiers », *in Théorie économique et crises des marchés financiers*, H. BOURGUINAT, P. ARTUS (éds), Economica, Paris.

ROLLET P. [1990], *Spécialisation internationale et intégration européenne*, 2e éd., Economica, Paris.

STEIN J. [1991], *International Financial Markets, Integration, Efficiency and Expectations*, Basil Blackwell.

WILLIAMSON J. [1986], « Target Zones and the Management of the Dollar », *Brookings Papers on Economic Activity*, n° 1.

WILLIAMSON J. [1994], « Estimates of FEERS », in *Estimating Equilibrium Exchange Rate*, Williamson ed., Institute for International Economics.

III / Les politiques de change

AGLIETTA M. [1988], *Régimes monétaires, monnaie supranationale, monnaie commune*, CEPII, 1988 ; et *in Monnaie unique européenne, système monétaire international : vers quelles ambitions ?*, CGP et CEPREMAP, PUF, 1991, Paris.

BANQUE DE FRANCE [1998], « La politique monétaire à l'heure du marché mondial des capitaux », *Banque de France.*

BENASSY-QUERE, MOJON B. et SCHOR A.-D. [1998], « The international Role of the Euro », *Document de travail n° 98-03*, CEPII.

BENASSY-QUÉRÉ A. et CŒURÉ B. [2000], *L'Avenir des « petites » monnaies – Solutions régionales contre solutions en coin, Revue d'Économie politique*, mai-juin.

BOONE L. [1997], « Symétrie des chocs en union européenne », *Économie Internationale*, n° 70, 2e trimestre.

BUDNEVICH C. et LE FORT G. [1997], « Capital Account Regulations and Macroeconomic Policy : Two Latin American Experiences », *Banco Central de Chile*, Documento de Trabajo 06, March.

CARTAPANIS A. [1996], « Les banques centrales face aux marchés », *Turbulences et spéculation dans l'économie mondiale*, Economica.

CEPII [1995], « Ni change fixe, ni change flexible », *La lettre du CEPII*, n° 133, mars.

COUHARDE C. et MAZIER J. [1997], « Parités de pouvoir d'achat, coûts unitaires en niveaux et taux de change réels », *Étude pour le Commissariat général du Plan.*

DAVANNE O. [1998], « Instabilité du système financier international », *Rapport pour le Conseil d'analyse économique*, Documentation française.

DEMOTTES-MAINARD M. [1989], *L'Économie de la RFA*, La Découverte, « Repères », Paris.

DOMINGUEZ K.M. et FRANKEL J. [1993], « Does Central Bank

Intervention Matter ? The Portfolio Effect », *The American Economic Review*, 83.

EICHENGREEN B. [1990], « Is Europe an optimum currency area ? », *CEPR Discussion Paper*, n° 478.

FONTAGNE L. [1998], « Spécialisation des échanges commerciaux européens et ajustements aux chocs en union monétaire », *Rapport pour la Direction de la Prévision*.

FRENKEL J., GOLDSTEIN M. [1990], « Monetary Policies, Capital Market and the Exchange Rate Regime », *Cahiers économiques et monétaires*, n° 37, Banque de France, Paris.

KENEN P. [1969], « The Theory of Optimum Currency Areas : an Eclectic View », *in* MUNDELL et SVOBODA (eds), *Monetary Problems in the International Economy*, University of Chicago Press.

KRUGMAN P. [1987], « Surévaluation et accélération des productivités : un modèle spéculatif », dans LAUSSEL et KRUGMAN P. [1988], « Target Zones and Exchange Rate Dynamics », *NBER Working Paper*, janvier.

KRUGMAN P. [1989], *Exchange Rate Instability*, MIT Press, Cambridge, Massachussetts.

LELART M. [1991], *Le système monétaire international*, La Découverte, « Repères », n° 97.

MC KINNON [1963], « The Theory of Optimum Currency Areas », *American Economic Review*, 53.

MONTET, *Commerce international en concurrence imparfaite*, Economica, Paris.

MORIN P. [1987], « Coûts, avantages et opportunité des politiques dévaluationnistes », *Regards sur l'Actualité*.

MUNDELL R. [1961], « The Theory of Optimum Currency Areas », *American Economic Review*, 51.

OBSTFELD M. [1990], *The Effectiveness of Foreign Exchange Intervention : Recent Experience*, à publier par BRANSON, FRENKEL et GOLDSTEIN.

PAPADIA F. [1994], « La coordination après le Plaza », *Table ronde*, CEPII, Économie internationale, n° 59.

PATAT J.-P. [1990], *L'Europe monétaire*, La Découverte, « Repères », Paris.

PLIHON D. [1996], « Réflexions sur les régimes et les politiques de change : le cas de la construction monétaire européenne », *Économie appliquée*, XLIX.

RAINELLI M. [1991], *Le Commerce international*, La Découverte, « Repères », Paris.

RAINELLI M. [1997], *La Nouvelle Théorie du commerce international*, La Découverte, « Repères », Paris.

SAUTTER C. [1987], *Les Dents du géant, le Japon à la conquête du monde*, Olivier Orban, Paris.

WILLIAMSON J. [1986], « Target Zones and the Management of the Dollar », *Brookings Papers on Economic Activity*, n° 1.

WYPLOSZ C. [1998], « Globalized Financial Markets dand Financial Crises », *Paper presented at the Forum on Debt and Development*, Amsterdam, Mars.

Table

Collection

R E P È R E S

dirigée par
JEAN-PAUL PIRIOU

avec BERNARD COLASSE, PASCAL COMBEMALE, FRANÇOISE DREYFUS, HERVÉ HAMON, DOMINIQUE MERLLIÉ *et* CHRISTOPHE PROCHASSON

L'affaire Dreyfus, n° 141, Vincent Duclert.
L'aménagement du territoire, n° 176, Nicole de Montricher.
L'analyse financière de l'entreprise, n° 153, Bernard Colasse.
L'argumentation dans la communication, n° 204, Philippe Breton.
Les banques, n° 21, Claude J. Simon.
Les bibliothèques, n° 247, Anne-Marie Bertrand.
La Bourse, n° 317, Daniel Goyeau et Amine Tarazi.
Le budget de l'État, n° 33, Maurice Baslé.
Le calcul des coûts dans les organisations, n° 181, Pierre Mévellec.
Le calcul économique, n° 89, Bernard Walliser.
Le capitalisme historique, n° 29, Immanuel Wallerstein.
Les catégories socioprofessionnelles, n° 62, Alain Desrosières et Laurent Thévenot.
Les catholiques en France depuis 1815, n° 219, Denis Pelletier.
Le chômage, n° 22, Jacques Freyssinet.
Chronologie de la France au XXe siècle, n° 286, Catherine Fhima.
Les collectivités locales, n° 242, Jacques Hardy.
Le commerce international, n° 65, Michel Rainelli.
La comptabilité anglo-saxonne, n° 201, Peter Walton.
La comptabilité en perspective, n° 119, Michel Capron.
La comptabilité nationale, n° 57, Jean-Paul Piriou.
La concurrence imparfaite, n° 146, Jean Gabszewicz.
Les conditions de travail, n° 301, Michel Gollac et Serge Volkoff.
La consommation des Français
1. n° 279 ; **2.** n° 280,
Nicolas Herpin et Daniel Verger.
Les Constitutions françaises, n° 184, Olivier Le Cour Grandmaison.
Le contrôle de gestion, n° 227, Alain Burlaud, Claude J. Simon.
La Cour des comptes, n° 240, Rémi Pellet.
Coût du travail et emploi, n° 241, Jérôme Gautié.
Critique de l'organisation du travail, n° 270, Thomas Coutrot.
La culture de masse en France :
1. 1860-1930, n° 323,
Dominique Kalifa.
La décentralisation, n° 44, Xavier Greffe.
La démographie, n° 105, Jacques Vallin.
La dette des tiers mondes, n° 136, Marc Raffinot.
Le développement économique de l'Asie orientale, n° 172, Éric Bouteiller et Michel Fouquin.
Les DOM-TOM, n° 151, Gérard Belorgey et Geneviève Bertrand.
Droit de la famille, n° 239, Marie-France Nicolas-Maguin.
Le droit du travail, n° 230, Michèle Bonnechère.
Le droit international humanitaire, n° 196, Patricia Buirette.
Droit pénal, n° 225, Cécile Barberger.
Économie bancaire, n° 268, Laurence Scialom.
L'économie britannique depuis 1945, n° 111, Véronique Riches.
L'économie de l'Afrique, n° 117, Philippe Hugon.
Économie de l'automobile, n° 171, Jean-Jacques Chanaron et Yannick Lung.
Économie de l'environnement, n° 252, Pierre Bontems et Gilles Rotillon.
Économie de l'innovation, n° 259, Dominique Guellec.
L'économie de l'Italie, n° 175, Giovanni Balcet.
L'économie de la connaissance, n° 302, Dominique Foray.
L'économie de la culture, n° 192, Françoise Benhamou.
L'économie de la drogue, n° 213, Pierre Kopp.
Économie de la presse, n° 283, Patrick Le Floch et Nathalie Sonnac.
L'économie de la réglementation, n° 238, François Lévêque.
L'économie de la RFA, n° 77, Magali Demotes-Mainard.
L'économie des inégalités, n° 216, Thomas Piketty.
L'économie des organisations, n° 86, Claude Menard.
L'économie des relations interentreprises, n° 165, Bernard Baudry.
Économie des réseaux, n° 293, Nicolas Curien.
Économie des ressources humaines, n° 271, François Stankiewicz.
L'économie des services, n° 113, Jean Gadrey.
Économie du droit, n° 261, Thierry Kirat.
L'économie du Japon, n° 235, Évelyne Dourille-Feer.
L'économie du sport, n° 309, Jean-François Bourg et Jean-Jacques Gouguet.
Économie et écologie, n° 158, Frank-Dominique Vivien.
L'économie française 2001, n° 306, OFCE.
L'économie informelle dans le tiers monde, n° 155, Bruno Lautier.
L'économie mondiale 2002, n° 320, CEPII.
L'économie mondiale des matières premières, n° 76, Pierre-Noël Giraud.
L'économie sociale, n° 148, Claude Vienney.
L'emploi en France, n° 68, Dominique Gambier et Michel Vernières.
Les employés, n° 142, Alain Chenu.
L'ergonomie, n° 43, Maurice de Montmollin.
L'éthique dans les entreprises, n° 263, Samuel Mercier.
Éthique économique et sociale, n° 300, Christian Arnsperger et Philippe Van Parijs.
Les étudiants, n° 195, Olivier Galland et Marco Oberti.
L'Europe sociale, n° 147, Daniel Lenoir.
Le FMI, n° 133, Patrick Lenain.
La fonction publique, n° 189, Luc Rouban.
La formation professionnelle continue, n° 28, Claude Dubar.
La France face à la mondialisation, n° 248, Anton Brender.
Les grandes économies européennes, n° 256, Jacques Mazier.
Histoire de l'administration, n° 177, Yves Thomas.
Histoire de l'Algérie coloniale, 1830-1954, n° 102, Benjamin Stora.
Histoire de l'Algérie depuis l'indépendance,
1. 1962-1988, n° 316,
Benjamin Stora.
L'histoire des États-Unis depuis 1945, n° 104, Jacques Portes.
Histoire de l'Europe monétaire, n° 250, Jean-Pierre Patat.
Histoire de la guerre d'Algérie, 1954-1962, n° 115, Benjamin Stora.

Histoire des idées politiques en France au XIXᵉ siècle, n° 243, Jérôme Grondeux.
Histoire des idées socialistes, n° 223, Noëlline Castagnez.
Histoire du Parti communiste français, n° 269, Yves Santamaria.
Histoire du parti socialiste, n° 222, Jacques Kergoat.
Histoire de la philosophie, n° 95, Christian Ruby.
Histoire du travail des femmes, n° 284, Françoise Battagliola.
Histoire du radicalisme, n° 139, Gérard Baal.
Histoire de la société de l'information, n° 312, Armand Mattelart.
Histoire de la sociologie :
1. **Avant 1918**, n° 109,
2. **Depuis 1918**, n° 110, Charles-Henri Cuin et François Gresle.
Histoire des théories de l'argumentation, n° 292, Philippe Breton et Gilles Gauthier.
Histoire des théories de la communication, n° 174, Armand et Michèle Mattelart.
Histoire de l'URSS, n° 150, Sabine Dullin.
Histoire politique de la IIIᵉ République, n° 272, Gilles Candar.
Histoire politique de la IVᵉ République, n° 299, Éric Duhamel.
Histoire sociale du cinéma français, n° 305, Yann Darré.
L'indice des prix, n° 9, Jean-Paul Piriou.
L'industrie française, n° 85, Michel Husson et Norbert Holcblat.
Inflation et désinflation, n° 48, Pierre Bezbakh.
Introduction à la comptabilité d'entreprise, n° 191, Michel Capron et Michèle Lacombe-Saboly.
Introduction au droit, n° 156, Michèle Bonnechère.
Introduction à l'économie de Marx, n° 114, Pierre Salama et Tran Hai Hac.
Introduction à l'histoire de la France au XXᵉ siècle, n° 285, Christophe Prochasson.
Introduction à Keynes, n° 258, Pascal Combemale.
Introduction à la microéconomie, n° 106, Gilles Rotillon.
Introduction à la philosophie politique, n° 197, Christian Ruby.
Introduction aux sciences de la communication, n° 245, Daniel Bougnoux.
Introduction aux théories économiques, n° 262, Françoise Dubœuf.
L'Islam, n° 82, Anne-Marie Delcambre.
Les jeunes, n° 27, Olivier Galland.
Le judaïsme, n° 203, Régine Azria.
La justice en France, n° 116, Dominique Vernier.
Lexique de sciences économiques et sociales, n° 202, Jean-Paul Piriou.
Le libéralisme de Hayek, n° 310, Gilles Dostaler.
Macroéconomie. Consommation et épargne, n° 215, Patrick Villieu.
Macroéconomie financière,
1. **Finance, croissance et cycles**, n° 307
2. **Crises financières et régulation monétaire**, n° 308,
Michel Aglietta.
Macroéconomie:l'investissement, n° 278, Patrick Villieu.
Le management de la qualité, n° 315, Michel Weill.
Le management international, n° 237, Isabelle Huault.
Les marchés du travail en Europe, n° 291, IRES.
La méthode en sociologie, n° 194, Jean-Claude Combessie.
Les méthodes en sociologie : l'observation, n° 234, Henri Peretz.
Méthodologie de l'investissement dans l'entreprise, n° 123, Daniel Fixari.
Les métiers de l'hôpital, n° 218, Christian Chevandier.
La mobilité sociale, n° 99, Dominique Merllié et Jean Prévot.
Le modèle japonais de gestion, n° 121, Annick Bourguignon.
Les modèles productifs, n° 298, Robert Boyer et Michel Freyssenet.
La modernisation des entreprises, n° 152, Danièle Linhart.
La mondialisation de la culture, n° 260, Jean-Pierre Warnier.
La mondialisation de l'économie :
1. **Genèse**, n° 198,
2. **Problèmes**, n° 199, Jacques Adda.
La monnaie et ses mécanismes, n° 295, Dominique Plihon.
Les multinationales globales, n° 187, Wladimir Andreff.
La notion de culture dans les sciences sociales, n° 205, Denys Cuche.
La nouvelle économie, n° 303, Patrick Artus.
La nouvelle économie chinoise, n° 144, Françoise Lemoine.
Nouvelle histoire économique de la France contemporaine :
1. **L'économie préindustrielle (1750-1840)**, n° 125, Jean-Pierre Daviet.
2. **L'industrialisation (1830-1914)**, n° 78, Patrick Verley.
3. **L'économie libérale à l'épreuve (1914-1948)**, n° 232, Alain Leménorel.
4. **L'économie ouverte (1948-1990)**, n° 79, André Gueslin.
La nouvelle microéconomie, n° 126, Pierre Cahuc.
La nouvelle théorie du commerce international, n° 211, Michel Rainelli.
Les nouvelles théories de la croissance, n° 161, Dominique Guellec et Pierre Ralle.
Les nouvelles théories du marché du travail, n° 107, Anne Perrot.
L'ONU, n° 145, Maurice Bertrand.
L'Organisation mondiale du commerce, n° 193, Michel Rainelli.
Les outils de la décision stratégique
1 : **Avant 1980**, n° 162,
2 : **Depuis 1980**, n° 163, José Allouche et Géraldine Schmidt.
Les personnes âgées, n° 224, Pascal Pochet.
La philosophie de Marx, n° 124, Étienne Balibar.
Pierre Mendès France, n° 157, Jean-Louis Rizzo.
La politique de l'emploi, n° 228, DARES.
La politique étrangère de la France depuis 1945, n° 217, Frédéric Bozo.
La politique financière de l'entreprise, n° 183, Christian Pierrat.
La population française, n° 75, Jacques Vallin.
La population mondiale, n° 45, Jacques Vallin.
Le postcommunisme en Europe, n° 266, François Bafoil.
La presse magazine, n° 264, Jean-Marie Charon.
La presse quotidienne, n° 188, Jean-Marie Charon.
La protection sociale, n° 72, Numa Murard.
Le protectionnisme, n° 322, Bernard Guillochon.
Les protestants en France depuis 1789, n° 273, Rémi Fabre
La psychanalyse, n° 168, Catherine Desprats-Péquignot.
La publicité, n° 83, Armand Mattelart.
Quel avenir pour nos retraites ?, n° 289, Gaël Dupont et Henri Sterdyniak.
La question nationale au XIXᵉ siècle, n° 214, Patrick Cabanel.
Le régime de Vichy, n° 206, Marc Olivier Baruch.
Le régime politique de la Vᵉ République, n° 253, Bastien François.

Les régimes politiques, n° 244, Arlette Heymann-Doat.
La régionalisation de l'économie mondiale, n° 288, Jean-Marc Siroën.
Le revenu minimum garanti, n° 98, Chantal Euzéby.
Les revenus en France, n° 69, Yves Chassard et Pierre Concialdi.
Les sciences de l'éducation, n° 129, Éric Plaisance et Gérard Vergnaud.
La sexualité en France, n° 221, Maryse Jaspard.
La société du risque, n° 321, Patrick Peretti Watel.
Sociologie de l'architecture, n° 314, Florent Champy.
Sociologie de la bourgeoisie, n° 294, Michel Pinçon et Monique Pinçon-Charlot.
Sociologie de la consommation, n° 319, Nicolas Herpin.
Sociologie des cadres, n° 290, Paul Bouffartigue et Charles Gadea.
La sociologie du chômage, n° 179, Didier Demazière.
Sociologie du droit, n° 282, Évelyne Séverin.
La sociologie de Durkheim, n° 154, Philippe Steiner.
Sociologie de l'éducation, n° 169, Marlaine Cacouault et Françoise Œuvrard.
Sociologie de l'emploi, n° 132, Margaret Maruani et Emmanuèle Reynaud.
Sociologie des entreprises, n° 210, Christian Thuderoz.
La sociologie économique, n° 274, Philippe Steiner.
La sociologie en France, n° 64, ouvrage collectif.
La sociologie de Georg Simmel, n° 311, Frédéric Vandenberghe.
Sociologie du journalisme, n° 313, Erik Neveu.
La sociologie de Marx, n° 173, Jean-Pierre Durand.
Sociologie des mouvements sociaux, n° 207, Erik Neveu.
La sociologie de Norbert Elias, n° 233, Nathalie Heinich.
Sociologie de l'organisation sportive, n° 281, William Gasparini.
Sociologie des organisations, n° 249, Lusin Bagla-Gökalp.
Sociologie de la prison, n° 318, Philippe Combessie.
Sociologie des relations professionnelles, n° 186, Michel Lallement.
Sociologie du sport, n° 164, Jacques Defrance.
Sociologie des syndicats, n° 304, Dominqiue Andolfatto et Dominique Labbé.
La sociologie du travail, n° 257, Sabine Erbès-Seguin.
Sociologie historique du politique, n° 209, Yves Déloye.
Les sondages d'opinion, n° 38, Hélène Meynaud et Denis Duclos.
Les stratégies des ressources humaines, n° 137, Bernard Gazier.
Le syndicalisme en France depuis 1945, n° 143, René Mouriaux.
Le syndicalisme enseignant, n° 212, Bertrand Geay.
Le système éducatif, n° 131, Maria Vasconcellos.
Le système monétaire international, n° 97, Michel Lelart.
Les taux de change, n° 103, Dominique Plihon.
Les taux d'intérêt, n° 251, A. Benassy-Quéré, L. Boone et V. Coudert.
Les tests d'intelligence, n° 229, Michel Huteau et Jacques Lautrey.
La théorie de la décision, n° 120, Robert Kast.
Les théories économiques du développement, n° 108, Elsa Assidon.
La théorie économique néoclassique :
1. Microéconomie, n° 275,
2. Macroéconomie, n° 276,
Bernard Guerrien.
Les théories de la monnaie, n° 226, Anne Lavigne et Jean-Paul Pollin.
Les théories des crises économiques, n° 56, Bernard Rosier.
Les théories du salaire, n° 138, Bénédicte Reynaud.
Les théories sociologiques de la famille, n° 236, Catherine Cicchelli-Pugeault et Vincenzo Cicchelli.
Le tiers monde, n° 53, Henri Rouillé d'Orfeuil.
Le travail des enfants dans le monde, n° 265, Bénédicte Manier.
Travail et emploi des femmes, n° 287, Margaret Maruani.
Les travailleurs sociaux, n° 23, Jacques Ion et Jean-Paul Tricart.
L'Union européenne, n° 170, Jacques Léonard et Christian Hen.
L'urbanisme, n° 96, Jean-François Tribillon.

Dictionnaires

R E P È R E S

Dictionnaire de gestion, Élie Cohen.
Dictionnaire d'analyse économique, *microéconomie, macroéconomie, théorie des jeux, etc.*, Bernard Guerrien.

Guides

R E P È R E S

L'art de la thèse, *Comment préparer et rédiger une thèse de doctorat, un mémoire de DEA ou de maîtrise ou tout autre travail universitaire*, Michel Beaud.
Guide du stage en entreprise, Michel Villette.
Guide de l'enquête de terrain, Stéphane Beaud, Florence Weber.
Voir, comprendre, analyser les images, Laurent Gervereau.

Manuels

R E P È R E S

Analyse macroéconomique 1.
Analyse macroéconomique 2.
17 auteurs sous la direction de Jean-Olivier Hairault.

Composition Facompo, Lisieux (Calvados)
Achevé d'imprimer en juin 2001 sur les presses
de l'imprimerie Campin, Tournai (Belgique)
Dépôt légal : août 2001